MARCIA LUZ

COACH DA GRATIDÃO
financeira

Seja um Coach da
Gratidão Financeira em 12 semanas

www.dvseditora.com.br
São Paulo, 2018

COACH DA GRATIDÃO FINANCEIRA

Copyright© DVS Editora 2018
Todos os direitos para a território brasileiro reservados pela editora.

Nenhuma parte deste livro poderá ser reproduzida, armazenada em sistema de recuperação, ou transmitida por qualquer meio, seja na forma eletrônica, mecânica, fotocopiada, gravada ou qualquer outra, sem a autorização por escrito do autor.

Contato: contato@marcialuz.com.br / www.marcialuz.com

Capa: Felipe Cerqueira
Revisão: Alessandra Angelo - Primavera Assessoria Revisão de Textos
Diagramação: Spazio Publicidade e Propaganda

```
        Dados Internacionais de Catalogação na Publicação (CIP)
              (Câmara Brasileira do Livro, SP, Brasil)

    Luz, Marcia
       Coach da gratidão financeira : seja um coach da
    gratidão financeira em 12 semanas / Marcia Luz. --
    São Paulo : DVS Editora, 2018.

       Bibliografia
       ISBN 978-85-8289-185-8

       1. Coaching 2. Desenvolvimento pessoal
    3. Desenvolvimento profissional 4. Finanças
    5. Gratidão 6. Prosperidade I. Título.

 18-19434                                         CDD-650.1
              Índices para catálogo sistemático:

       1. Coaching : Desenvolvimento pessoal :
              Administração    650.1

       Maria Alice Ferreira - Bibliotecária - CRB-8/7964
```

Dedico este livro a Roberto Navarro,
que me ensinou o poder do Pote dos Sonhos.
E a Luiz Taba, que me fez ver que para realizar sonhos
eu só precisava produzir mais riqueza.

AGRADECIMENTOS

Depois que você começa a escrever livros, nunca mais consegue parar. A chance de deixar o seu legado, influenciar outras vidas, fazer a diferença é um privilégio do qual não pretendo abrir mão. Agora engana-se quem acha que um livro se escreve sozinho, porque quando ele chega a assumir forma no papel, já foi construído a muitas mãos no coração do autor. Neste, tive auxílio de gente que amo e respeito. São elas:

- Meu eterno amor Sergio Reis, meus filhos Guilherme, Raffaella, Natália e Juliana e minha mãe Maria que dão sentido à minha vida;
- Minha equipe de trabalho, que batalha para minhas loucuras virarem realidade;
- Ana Rita Alves Guimarães, Daniel Pinho, Regiane Marques, Susi Kelly Benevides, e todos os meus alunos do Coach Palestrante e dos cursos da Gratidão, que me inspiraram a buscar auxílio para transformar 10 milhões de pessoas com a metodologia da gratidão;
- Toda a equipe da Abracoaches, representada na figura da Presidente Nacional, Sandra Bini, que me apoiou incondicionalmente na missão de levar o Coach da Gratidão Financeira para o mundo;

- Sidnei Segatto, que transforma em belas imagens o mundo do conhecimento;
- Felipe Cerqueira, que usa e abusa de inspiração para registrar através da arte as minhas ideias;
- A equipe da DVS Editora, e ao grande amigo Sergio Mirshawka que me ajudam a levar para o mundo possibilidades de transformação.

Sou grata, sou grata, sou grata!

PREFÁCIO

Gratidão é um estado de espírito, um poder instalado na mente e nos sentimentos. É uma condição conquistada de força interior. Portanto, quanto mais a gratidão fizer parte da sua vida, mais você terá força para resistir aos desafios, com firmeza e equilíbrio.

Consequentemente, quanto mais gratidão você ensinar ao mundo, mais ela se tornará parte da sua vida.

Não é que você nunca mais vai sofrer e que tudo será indolor, porém a gratidão fará com que dificuldades sejam superadas da forma mais rápida e simples.

A gratidão tem em si a semente e o fruto, a causa e a consequência!

O que muda a vida de uma pessoa é a mudança de estado de consciência, a gratidão faz isso melhor, de maneira mais simples e mais rápida, sem truques confusos e fórmulas caras.

Exercitar a gratidão fará com que o seu foco mude e você perceba que os problemas existem sim, são reais sim, mas você tem muito mais para agradecer do que para sofrer, criticar ou reclamar.

É uma mudança mental absolutamente possível mesmo para pessoas com uma doença atuando severamente. Ao perceber pequenas vitórias que já teve, pequenos milagres, a positividade aumentará profundamente e a dor ficará cada vez menos presente. Então o caminho da prosperidade flui. As finanças ressurgem, o dinheiro se torna um amigo ao invés de vilão.

Ensinar a Prática da Gratidão fará com que qualquer pessoa mude sua vida. Ela é fonte de felicidade para quem ensina e para quem recebe. E pessoas felizes não atrapalham a evolução do mundo, não dão "trabalho para Deus".

Pessoas em estado emocional conflituoso, negativo, costumam se rebelar à prática de agradecer as coisas boas da vida como se isso fizesse com que elas mentissem para elas mesmas de que os problemas não existem. Elas não agradecem porque se sentem impostoras ao agradecer já que a vida delas está um inferno mesmo.

Eu não duvido que esteja de verdade. Contudo, o fato de você já ter perdido muito na vida ou estar passando por um momento de imensa crise não impede que paralelamente você agradeça por ter uma cama, por existir papel higiênico na sua vida ou porque você tem amigos que lhe fazem rir de piadas bobas.

Quando você enaltece o que é bom, você não está negando o fato de que existam problemas. Entenda que as duas coisas podem coexistir. Por isso, todos devem, mesmo com seus problemas e desafios, mesmo com o seu inferno emocional, agradecer o que é passível de agradecimentos.

Os problemas de dez, vinte ou trinta situações ao redor de uma pessoa não podem sugar a inteira beleza de um milhão de fatos que pairam à sua volta e que merecem muita, muita, muita gratidão.

O grato não é um alienado ou bobalhão, o grato é alguém que entendeu que por mais que existam problemas, as bênçãos, a graça e a beleza são muito mais presentes na vida.

Propagar a gratidão ao mundo é mostrar que não importa a situação negativa, há muito de positivo em tudo.

Multiplicar a gratidão é concentrar-se na força mais poderosa do universo e permitir que ela tome conta das situações difíceis.

- Gratidão é o Ouro do Espírito.
- Gratidão é o Alimento da Essência.
- Gratidão é o Fermento da Abundância.
- Gratidão é a sua Ferramenta mais Poderosa.

E se você chegou até esse impactante livro da minha amiga Marcia Luz, você tem essa missão, vai impactar a sua vida e a de todos que você tocar com essa força poderosa do universo.

Esse é o seu trabalho, espalhar gratidão para o mundo.

Marcia Luz não poderia ter um nome mais apropriado. Ela vai ajudar com que sua Luz e a Luz de quem você quiser ajudar se expanda.

Confie no processo. Confie nesse trabalho. Marcia Luz vai levá-lo a uma nova dimensão da sua força interior, com confiança e abundância.

Você está no lugar certo! Muita gratidão a você, ao universo e a Marcia por isso!

Que a prosperidade brilhe na sua vida.

Muita Luz! Gratidão eterna!

Bruno Gimenes
Um dos responsáveis pela expansão da Espiritualidade no Brasil, é personalidade referência nesta área, além de Diretor de Conteúdo e Cofundador da Instituição Luz da Serra, a maior Instituição de Espiritualidade do Brasil. É palestrante e destaque nas redes sociais produzindo vídeos no canal Luz da Serra no YouTube, que já ultrapassou a barreira de 63 milhões de visualizações. Mais de 31.228 alunos já participaram de seus cursos e treinamentos online (até a publicação deste livro). Autor best-seller, já publicou 20 livros.

ÍNDICE

AGRADECIMENTOS - V

PREFÁCIO - VII

PREPARE-SE PARA UMA JORNADA QUE VAI TRANSFORMAR SUA VIDA... - 1

PRIMEIRA PARTE
Fundamentos sobre o coaching

CAPÍTULO 1
Por que ser Coach da Gratidão?..9
O papel do Coach da Gratidão 13
Mitos e Verdades sobre o coaching.. 16

CAPÍTULO 2
Descubra quem você é 23
Eu pergunto, você responde... 24

CAPÍTULO 3
Identifique como você é visto pelos outros... 29
Feedback, uma ferramenta valiosa.. 32

CAPÍTULO 4
Aceite-se integralmente 37
Veja como identificar seu lado sombra... 38

CAPÍTULO 5
Mostre o seu melhor 43
Veja como identificar o que você tem de melhor 44

SEGUNDA PARTE
Fundamentos sobre a Gratidão

CAPÍTULO 6
Auxilie os outros em sua jornada 49
A psicologia da Gratidão 50
Você é o criador de sua realidade 53
O significado da Gratidão 56
Leis que regem a Gratidão 59
O poder do aqui e agora 61

TERCEIRA PARTE
Substituindo o paradigma da escassez pela abundância financeira

CAPÍTULO 7
O mindset milionário 69
Descubra qual é o seu Modelo de Dinheiro................................. 72
Identifique crenças limitantes e sabotadores
que o impedem de prosperar financeiramente............................ 75

QUARTA PARTE
Utilizando gratidão para gerar prosperidade

CAPÍTULO 8
Compreendendo como tudo acontece... 85
Veja porque a Gratidão é o elemento-chave
para atrair toda a prosperidade para a sua vida
e aprenda como utilizá-la corretamente...................................... 89

QUINTA PARTE
O processo – da teoria à prática

CAPÍTULO 9:
Contrato e anamnese inicial
Aprendendo a atuar como Coach da Gratidão 95
Logística 95
Alguns conceitos 97

CAPÍTULO 10
1ª sessão
Iniciando da maneira certa 101
Construir uma parceria sólida baseada em confiança mútua 102
Coleta de dados e a aliança inicial 106
Como você me vê 109

SEXTA PARTE
Plano de Prosperidade Financeira

CAPÍTULO 11
2ª Sessão
Conexão poderosa 115
Objetivos e metas 117
Plano de ação 121
Transformando a Gratidão em hábito 125

SÉTIMA PARTE
A jornada da Prosperidade Financeira

CAPÍTULO 12
3ª a 10ª sessão

Reforçando os alicerces e
modificando velhas estruturas (3ª sessão) 135
Ressignificando exemplos e substituindo modelos (4ª sessão) 143
O impacto das experiências e dos cinco sentidos (5ª sessão) 148
Equilibrando ganhos e gastos e
promovendo a mudança de hábitos (6ª sessão) 153
Responsabilidade e comprometimento
com a prosperidade (7ª sessão) 159
Do fundo do poço ao início da subida (8ª sessão) 167
Gratidão com foco gera sinergia (9ª sessão) 173
A força do caráter: de nada vale toda a riqueza,
se perder a sua alma (10ª sessão) 180
Solidificando os novos hábitos 186

BIBLIOGRAFIA RECOMENDADA 186

ANEXOS
Anexo 1: Formulário de Diagnóstico Inicial 191
Anexo 2: Formulário de identificação do
Propósito de Vida e valores 194
Anexo 3: Roda da vida 199
Anexo 4: Formulário de avaliação 360 graus 200
Anexo 5: O Efeito Sombra: Questionário 201
Anexo 6: Diagrama de Campo de Forças 208
Anexo 7: Fatores de sucesso 210
Anexo 8: Matriz comportamental de alta performance 211

Anexo 9: Roda da gratidão pela vida 213
Anexo 10: Formulário de identificação de
crenças limitantes e sabotadores 214
Anexo 11: Formulário de reavaliação 217
Anexo 12: Plano de Ação do Coach da Gratidão Financeira 218
Anexo 13: Como você me vê 223
Anexo 14: Avaliação inicial do modelo de dinheiro 225
Anexo 15: Formulário de definição de metas financeiras 229
Anexo 16: Formulário para confecção de Plano de Ação 230
Anexo 17: Exercício 1: Caderno da Gratidão
pela prosperidade financeira 231
Anexo 18: Exercício 2: Mudança de Programação
Verbal para construção de alicerces sólidos 233
Anexo 19: Exercício 3: Ressignificando crenças
limitantes e sabotadores 235
Anexo 20: Exercício 4: Modificando exemplos 236
Anexo 21: Exercício 5: Mudança de episódios específicos 238
Anexo 22: Exercício 6: Máquina de imprimir dinheiro 240
Anexo 23: Exercício 7: Aprendendo a poupar enquanto agradece 241
Anexo 24: Exercício 8: Utilizando o dinheiro
com consciência e gratidão 242
Anexo 25: Exercício 9: Sou responsável 244
Anexo 26: Exercício 10: Potencializando a gratidão 245
Anexo 27: Exercício 11: A Roda da Abundância 247
Anexo 28: Exercício 12: Pedindo com sinergia 250
Anexo 29: Exercício 13: A Carta de Intenção 251
Anexo 30: Exercício 14: Ver para ter 252

PREPARE-SE PARA UMA JORNADA QUE VAI TRANSFORMAR SUA VIDA...

Oi, aqui é a Marcia Luz e eu quero começar este livro lhe fazendo uma pergunta: você sabe por que 99% dos coaches formados hoje em todo o mundo estão completamente perdidos enquanto os outros 1% estão enriquecendo?

Pense comigo, existe um universo de pessoas que precisam de ajuda e recentemente descobriram que lançar mão do auxílio de um coach pode ser o melhor caminho para encontrar as soluções de seus problemas.

No entanto, ao longo dos anos surgiram tantas escolas de coaching e tantos coaches foram colocados no mercado (alguns mais, outros menos preparados), que hoje é comum encontrarmos profissionais de coaching lutando para sobreviver com os ganhos da profissão.

Isto é o que eu costumo chamar de "Mar Vermelho", ou seja 99% dos coaches estão disputando espaço num tanque de tubarões. A maioria deles está perdida quando o assunto é encontrar uma forma inovadora e exclusiva de resolver os problemas de seus clientes.

Já os outros 1% estão vivendo muito bem de coaching, ganhando dinheiro e ajudando muita gente.

Talvez essa tenha sido a primeira vez que você leu ou pensou algo desse tipo, mas no fundo você sempre desconfiou que deveria haver algo especial nesses 1% de coaches que vivem com a agenda cheia de clientes e são muito bem remunerados.

A verdade é que eles encontraram algo que os torna diferenciados e mais visíveis que os outros. E quer saber do que se trata? A resposta é simples. Acontece que existem coaches que levam a carreira como um *hobby* ou até mesmo como uma profissão. MAS existem aqueles que entenderam que ser coach é um NEGÓCIO.

Como coach você precisa pensar no seu serviço focando em quatro elementos básicos:

1 - Produto
2 - Oferta
3 - Resultados
4 - Visibilidade

Vamos começar falando de Produto. Qual método você domina?

Neste livro eu vou lhe ensinar a usar uma metodologia totalmente inovadora e capaz de transformar vidas de maneira rápida e eficaz. Ao longo dos meus 25 anos de caminhada pelo desenvolvimento humano criei esse método que agora tenho registrado, e venho aplicando com incríveis resultados em mais de 15 mil alunos.

O método é o Coaching da Gratidão Financeira. Ele apresenta ao coachee (seu cliente), uma mudança nos modelos mentais em relação ao dinheiro, fazendo com que ele salte em matéria de prosperidade financeira.

Esta abordagem única e exclusiva dos coaches formados pelo meu processo pode lhe dar acesso fácil ao grupo dos 1% que estão vivendo bem, ganhando dinheiro e ajudando muitas pessoas através do coaching.

E QUANTO À OFERTA:

A oferta é o que você vai prometer de resultados para seus clientes. Imagine poder em 10 sessões com seu coachee levá-lo de um estado de limitação financeira para uma visão privilegiada das oportunidades que lhe aparecem e deixá-lo preparado para agarrá-las.

E QUANTO AOS RESULTADOS:

A Gratidão já foi completamente validada em inúmeras pesquisas em todo o mundo, inclusive em meu doutorado. E até o senso comum já sabe de seu poder porque no ano de 2017 a #GRATIDÃO foi a mais usada nas mídias sociais e internet.

Depoimentos em vídeo e testemunhos em chats e e-mails não param de chegar com relatos de resultados surpreendentes dos meus alunos.

A aplicação do método é fácil e prazerosa ao cliente e os efeitos são percebidos muito rapidamente. Ou seja, as possibilidades de ter resultados como Coach da Gratidão são maiores do que em qualquer outra especialização.

ENTÃO VAMOS FALAR DE VISIBILIDADE:

Tendo o método mais eficaz de todos já garante boa parte do seu sucesso, mas isso ainda não é tudo. Você precisa ter audiência, saber se comunicar, ter presença, e uma rede de parceiros e apoiadores prontos para vê-lo e ouvi-lo. E vamos conversar sobre tudo isso aqui neste livro.

É hora de você fazer uma escolha, uma simples decisão que pode transformar sua vida e a de muitas pessoas que você será capaz de ajudar a partir de hoje. Então encare este livro como um manual que vai ajudá-lo a iniciar sua caminhada como Coach da Gratidão Financeira.

No primeiro capítulo vamos falar sobre o cenário atual onde os profissionais de desenvolvimento humano atuam, a função do coaching, os papéis do Coach da Gratidão e os mitos e verdades sobre o coaching.

É importante que você saiba que primeiro trabalharemos os conteúdos de coaching e só depois entraremos nos conteúdos de gratidão.

Se você já leu o meu livro *Coach Palestrante*, perceberá que alguns trechos se repetem, porque o conteúdo-base para ser coach é exatamente o mesmo nas duas atuações. O que vai diferenciar o Coach Palestrante do Coach da Gratidão Financeira é a metodologia da gratidão que você terá acesso aqui.

É como se a metodologia da gratidão fosse uma especialização para que você acelere e amplifique os resultados com os seus clientes, uma vez que vem sido constatado em todo mundo que a gratidão é uma das metodologias mais poderosas para o alcance de objetivos e para a conquista do sucesso pessoal e profissional.

E aí, preparado para fazer contato com um conhecimento que pode abrir portas maravilhosas em sua vida profissional?

Mas antes de começarmos quero lhe contar um pouco da minha história, afinal estaremos juntos durante 12 capítulos que compõem os 7 passos do Coach da Gratidão Financeira.

Comecei a trabalhar em estágios desde muito cedo, mas meu primeiro emprego formal foi na Caixa Econômica Federal onde fiz minha carreira de palestrante e de formadora de novos palestrantes. Eu amava a empresa, mas chegou um momento que percebi que precisava ampliar meus horizontes e montei minha própria empresa de treinamento e desenvolvimento humano e há 25 anos ajudo a lapidar pessoas, como diamantes raros.

Já a minha relação com os conteúdos da gratidão me acompanha há muitos anos. Sempre que eu desenvolvia um processo com uma equipe de uma determinada empresa ou com uma turma de alunos e que os resultados não estavam aparecendo na velocidade que eu desejava provocar, eu inseria exercícios de gratidão e a transformação era imediata.

Quando ingressei no mundo online, em 2013, vi o fenômeno se repetir, e isto era tão marcante que em 2016 decidi montar um treinamento online específico sobre gratidão denominado A Gratidão Transforma. E mesmo estando bastante otimista quanto aos resultados que meus alunos alcançariam jamais pude prever que a mudança seria tão significativa.

Foram centenas de alunos relatando curas físicas, emocionais, relacionamentos recuperados, autoestima fortalecida e saltos imensos na área financeira.

Já passamos de 15 mil alunos em 4 cursos online, 2 congressos mundiais contando com cerca de 90 mil participantes e 90 palestrantes, 4 livros publicados por mim sobre esta temática e tudo isso está sendo comprovado cientificamente em minha tese de doutorado.

Sou psicóloga, com pós-graduação em Administração de Recursos Humanos, especializada em Gestalt Terapia, mestre em Engenharia de Produção e tenho doutorado com foco no tema Gratidão. Sou Coach Executiva e Pessoal formada pelo ICC (International Coaching Community).

Pensei nesse livro com um formato prático, para que você realmente consiga implementar o que aqui aprender. Então após cada capítulo você tem atividades complementares, tais como preenchimento e aplicação de questionários, assistir filmes indicados e responder questões sobre a temática. Estas atividades devem ser feitas antes de prosseguir a leitura do livro para que realmente os resultados sejam alcançados.

Também é importante que você tenha um caderno do Coach da Gratidão onde você vai anotar todas as suas ideias, insights, reflexões que forem ocorrendo durante a leitura.

Todas as dúvidas e sugestões serão bem-vindas e você pode enviá-las para o seguinte e-mail: suporte@marcialuz.com

E se você se interessar por ser um Coach da Gratidão Financeira trabalhando no meu time e certificado pela Abracoaches, entre aqui nesta página para se inscrever na formação online:

http://agratidaotransforma.com.br/coachinglivro/

Conte comigo para ajudá-lo a saltar para um novo patamar de sua vida. Então siga para o nosso primeiro capítulo onde vamos trabalhar por que ser um Coach da Gratidão Financeira.

PRIMEIRA PARTE

Fundamentos sobre o Coaching

" Se há algum segredo de sucesso, ele consiste na habilidade de aprender o ponto de vista de outra pessoa e ver as coisas tão bem pelo ângulo dela como pelo seu. "

Henry Ford

CAPÍTULO 1

Por que ser Coach da Gratidão?

Eu vou lhe responder por que ser Coach da Gratidão contando como eu resolvi seguir este caminho. Desde criança eu falava que queria ser professora, dava aula para minhas bonecas. Aí no ensino médio resolvi fazer magistério e amei a experiência, mas também tive clareza do quanto era dura a vida de professora primária trabalhando muito e sendo mal remunerada por um trabalho tão importante. Aí fui trabalhar na Caixa e lá surgiu a oportunidade de fazer o concurso para ser instrutora e palestrante.

Não pensei duas vezes. O processo era muito concorrido, primeiro com uma prova escrita, depois uma avaliação regional e os selecionados nestas duas etapas iam para Brasília, onde eram avaliados e formados durante um mês, numa grande imersão e já sabíamos de antemão que apenas 10 a 20% da turma seria aprovada e os escolhidos poderiam atuar como instrutores e palestrantes.

Bem, fui aprovada e comecei a minha carreira dentro da Caixa. Acontece que sempre dei o meu melhor em sala de aula e a minha fama começou a ultrapassar os muros da empresa, até que um dia recebi uma ligação do RH da Celesc que queria me contratar para um trabalho lá. Não entendi nada, mas ele esclareceu que uma gerente dele era casada com um gerente da caixa e ouviu falar muito bem de meu trabalho e por isso queriam me contratar.

Fiz a minha primeira proposta comercial e fui aprovada. Foi engraçado porque eu não tinha a mínima ideia de quanto cobrar. Até então eu atuava na empresa onde eu trabalhava e ganhava salário como empregada por esta atuação.

Bom, daquele dia em diante os pedidos não pararam de chegar. Montei minha empresa de treinamento para regularizar as contratações e realizava os trabalhos nos finais de semana, feriados, à noite. Acontece que a demanda aumentou tanto que precisei tomar uma decisão e resolvi sair da Caixa e continuar minha missão de transformar vidas não mais numa empresa só, mas agora em todo o Brasil.

Passei a dar palestras em congressos, lancei meu primeiro livro, e começaram a surgir pedidos dos presidentes das empresas perguntando se eu também atuava como coach e minha resposta era sempre a mesma: infelizmente não. Até que resolvi mudar essa situação e em 2003 fiz minha formação em coaching e iniciei os atendimentos para os altos executivos como um trabalho complementar nas empresas onde eu realizava palestras e treinamentos. E este casamento coaching/palestras ficou perfeito porque um trazia clientes para o outro. Até que descobri o mundo online em 2013 e hoje tenho a possibilidade de colaborar com muito mais gente na minha missão de ajudar pessoas a serem melhores a cada dia.

Acontece que na época que fiz minha formação em coaching pouca gente falava disso no Brasil e a concorrência ainda era muito pequena. Mas hoje o mercado de coaching está cada vez mais concorrido. Tem muita gente oferecendo formações, não necessariamente de qualidade, tem gente que leu um livro e decidiu que já era coach, e como a oferta é grande, muita gente começou a trocar o trabalho de coaching por um cacho de bananas e prostituiu o mercado.

Isto significa que hoje não adianta você apenas ser um coach bem preparado e fazer um trabalho sério; você precisa também ter um diferencial. Num mundo onde milhares de pessoas leem um livro e se intitulam coaches, você precisa provar o seu valor pelos resultados alcançados.

As pessoas não aguentam suas doses diárias de sofrimento e não possuem mais paciência para esperar anos para alcançar resultados ou resolver problemas como acontecia nos velhos processos terapêuticos, por exemplo.

Se você quer se destacar como coach precisa de uma metodologia que traga resultados rápidos e que diferencie seu trabalho dos outros profissionais que disputam clientes utilizando a estratégia do menor preço.

Para ter grande procura como coach, você precisa que seus clientes sejam sua maior propaganda, seu melhor cartão de visitas, porque a transformação deles servirá de testemunho para os resultados que você é capaz de gerar e em curto espaço de tempo.

O mundo despertou para os resultados que a utilização da gratidão com método é capaz de gerar. Uni-la ao processo de coaching é uma mistura completamente eficaz e poderosa. E esta metodologia estará em suas mãos ao final deste livro.

A gratidão é uma metodologia tão poderosa que é capaz de trazer resultados em todas as áreas da vida de um indivíduo, o que nos dá um largo escopo de possibilidades de atuação.

Quando decidi criar este livro, optei por desenvolvê-lo de tal forma que o coach recebesse as orientações passo a passo de como proceder com o coachee, a ponto de saber qual técnica aplicar em cada uma das 10 sessões de um primeiro pacote de contratação. Com essa orientação eliminamos possibilidades de falhas graves na aplicação do método e garantimos os resultados desejados.

Acontece que o espectro de demandas que o coachee pode trazer para o primeiro encontro com o coach é enorme. As dificuldades podem ser na área da saúde física, emocional, autoestima, relacionamento conjugal, relação com os filhos, carreira, vida financeira, superação de vícios, resolução de conflitos, cura de mágoas e perdão, espiritualidade, entre tantas outras possibilidades.

E isto me deixou num impasse: como escrever um livro com um arsenal de no mínimo 10 técnicas diferentes para cada uma dessas áreas?

É como se você quisesse que um estudante de medicina lesse um único livro e já ficasse completamente preparado para atuar com acupuntura, alergia e imunologia, anestesiologia, angiologia, cardiologia, cirurgias, coloproctologia, dermatologia, endocrinologia, endoscopia, gastroenterologia... bom, vou parar por aqui porque você já notou que ainda estou na letra G e a lista de especialidades médicas é enorme!

No caso do processo de Coaching da Gratidão não seria diferente e a grande questão era: como trabalhar o profissional de coaching para todas as possíveis áreas de atuação de uma vez só? Então decidi começar por uma área específica e optei pela financeira por três motivos:

- É a área cuja procura por auxílio é maior;
- Quando ela é equacionada, todas as outras começam a se ajustar;
- Os resultados são rapidamente visíveis e mensuráveis.

Em breve você terá acesso a outros livros focados nas demais áreas do desenvolvimento humano e poderá expandir seu rol de atendimentos se assim o desejar, embora eu tenha total clareza de que o número de pessoas que estão pedindo socorro para resolver suas crenças limitantes e sabotadores em relação ao dinheiro é enorme.

Você fará algo sem precedentes e dominará uma metodologia completamente inovadora que tem conquistado a simpatia e o interesse de milhares de pessoas em todo o mundo.

A gratidão é a bola da vez tanto no meio científico, na comunidade acadêmica, como entre os cidadãos. A gratidão como metodologia num processo de coaching e com o enfoque na prosperidade financeira vai transformar a vida de milhares de pessoas e você será o profissional que estará fazendo isso acontecer.

Fantástico não é mesmo?

Então venha comigo até o próximo capítulo onde vou lhe explicar qual é o papel do Coach da Gratidão.

O papel do Coach da Gratidão

Coaches de sucesso são profissionais capazes de entender o potencial de seus clientes e reconhecer o seu papel no desenvolvimento destes. Em alguns casos, seu cliente será uma pessoa jurídica, uma empresa, e você precisará compreender o que exatamente ela precisa transformar em seus colaboradores para dar conta dos desafios que enfrenta. Em outros casos seu contratante é pessoa física, que ouviu falar bem de seu trabalho e conta com sua ajuda para materializar suas metas e objetivos.

Nas duas situações tenha sempre como filosofia entregar mais do que foi contratado, pois estes clientes vai virar seus fãs e voltarão a chamá-lo muitas vezes, além de seres os melhores divulgadores do trabalho que você já sonhou ter em algum momento de sua vida.

É preciso que o coach seja mais do que um bom comunicador, carismático e preparado tecnicamente. Ele precisa ser um mobilizador, alguém que motiva o crescimento das pessoas ou equipes.

Esta capacidade de equilibrar firmeza, sensibilidade e sabedoria é o alicerce básico do Coach da Gratidão. A grande maioria da sua audiência provavelmente não está pronta – são pedras preciosas que ainda precisam ser lapidadas.

E que significa ser coach?

Emprestou-se o nome COACH do mundo esportivo, que representa a figura do técnico do time, aquela pessoa cujo papel é incentivar e ajudar o atleta a desenvolver habilidades para que ele aumente sua performance.

O COACHING é um processo estruturado no qual o coach tem a missão de ajudar seu coachee a atingir objetivos que são acordados no início do processo. Normalmente inclui uma sessão inicial mais longa, na qual é feita uma avaliação da situação atual, do objetivo a ser alcançado e dos passos necessários para se chegar lá. Em seguida, agendam-se encontros semanais para implantação e acompanhamento do plano.

O coaching parte do pressuposto de que o coachee tem todos os recursos de que necessita para atingir seus objetivos. O coach apenas dá ao coachee a estrutura necessária para que ele possa se encontrar e crescer.

Para você lembrar e saber:

> **Coaching = o processo em si**
>
> **Coach = o profissional que conduz o processo**
>
> **Coachee = a pessoa que é alvo do processso**

O modelo proposto é do aprendizado, que estamos chamando de coaching, em que o objetivo é criar as condições para que o liderado aprenda e se desenvolva, aumentando a sua capacidade de ação. E lembrando da origem do termo coach, que nos esportes significa treinador, é importante mantermos em mente que por mais que o líder auxilie seu colaborador, que chamaremos aqui de coachee, no momento decisivo é o atleta, e não o técnico, quem vai ganhar o jogo.

Quanto aos papéis desempenhados, o Coach da Gratidão tem os seguintes desafios:

- Apoiador estratégico: proporciona o que falta para que o coachee atinja seus objetivos pessoais e profissionais; faz com que seu cliente encontre soluções para problemas complexos.
- Transformador de paradigmas: o Coach da Gratidão é aquele que ajuda o seu cliente a sair do lugar-comum, a deixar de ser vítima das crenças limitantes.
- Estimulador do desenvolvimento interpessoal: pessoas de alto potencial que não decolam na carreira têm como entrave muito mais a falta de desenvolvimento interpessoal do que falta de desenvolvimento técnico.

Esta missão não é simples. De um lado o coach sofre as pressões da empresa contratante que cobra resultados e respostas aos desafios econômicos e mercadológicos. Do outro, conta com pessoas que nem sempre estão dispostas a oferecer o seu melhor. Isso no caso de ser contratado por uma pessoa jurídica.

Agora, quando ele lida com a pessoa física, não é diferente. Muitas vezes o cliente acha que o seu papel é apenas contratá-lo como coach e que aí você vai chegar com sua varinha de condão e transformar a vida dele, ainda que ele nada faça para alcançar os resultados acordados nas sessões.

Mas eu posso assegurar que embora seja uma missão para quem realmente se dispõe a dar o seu melhor, quando você vê os resultados do seu trabalho, quando percebe que ajudou a salvar vidas de pessoas que já haviam perdido o sentido, aí você vai querer continuar fazendo isso até o último dia de sua existência.

Bem, a partir de agora, para fins didáticos, vamos separar nossa leitura em três momentos. Até o Capítulo 5 vamos trabalhar mais fortemente o papel do coach; no Capítulo 6 vamos focar nos conteúdos de gratidão; e do Capítulo 7 em diante vamos trabalhar o foco na prosperidade financeira através da metodologia da gratidão. É evidente que você vai perceber que boa parte dos conteúdos vão ajudá-lo nos três papéis. Então, como exposto acima, a separação é apenas para facilitar sua aprendizagem, combinado?

Venha comigo para o próximo capítulo onde vamos conversar sobre os mitos e verdades do que é o processo de Coaching e do que ele não é.

Mitos e Verdades sobre o Coaching

Você já deve ter ouvido dizer que "de médico e louco todos nós temos um pouco", porque ninguém abre mão de dar palpites quando se trata de saúde ou doença. Ultimamente, poderíamos acrescentar nesta frase "de coach, médico e louco...", pois a quantidade de coaches que está aparecendo em cada esquina é impressionante! Olha, não me entenda mal, acho fantástico termos um número grande de profissionais dispostos a auxiliar outras pessoas a serem melhores. O que me incomoda é que gente pouco preparada se diz coach ou palestrante porque leu um livro e considera que já sabe mais do que o suficiente.

E assim vão se formando os mitos sobre o que é coaching. Para evitar qualquer equívoco, apresento a seguir os principais mitos e verdades nessa área:

Mito: Coaching é aconselhamento.

Verdade: Coaching é contribuir para que o coachee encontre as respostas.

Se conselho fosse bom, era vendido! Conselhos infantilizam, criam dependência e reforçam a posição de expert *versus* ignorante. No lugar, use perguntas poderosas. Na maioria das vezes, dizer ao outro o que fazer não facilita o desenvolvimento. Aconselhar pode ser mais rápido, mas não é compatível com o objetivo do coaching, que é gerar aprendizado e facilitar a expansão das pessoas.

Mito: Coaching é para consertar comportamento problemático.

Verdade: Coaching é desenvolver novos potenciais.

O objetivo não é mudar a personalidade, e sim expandir o leque de respostas, treinando outras possibilidades para aumentar suas escolhas, ou seja, além dos comportamentos que a pessoa já tem, ela treina outros para ampliar suas escolhas diante das circunstâncias.

O ser humano tem uma tendência de, em situações de estresse, fazer mais do mesmo. Se a pessoa fala alto, em situações de estresse ela grita; se é fechada, em situações de estresse ela se tranca ou desaparece; se funciona lentamente, em situações de estresse ela paralisa.

A tendência é que o indivíduo repita um estilo de comportamento constantemente, mesmo quando a situação pedir por algo diferente. O comportamento em si não é problema, mas se torna por ser utilizado fora de contexto. O Coach da Gratidão proporciona o desenvolvimento de novas competências, para que hajam outras opções mesmo em momento de estresse.

Todo trabalho de desenvolvimento de carreira se torna inócuo se o desenvolvimento de competências não fizer parte do processo.

Mito: Coaching é dar bronca.
Verdade: Coaching é gerar aprendizado.

Bronca gera mais medo que aprendizado. Através de perguntas, o coach faz o coachee se apropriar de seus erros e aprender com eles.

O coach lida com momentos de erro ou de adversidade de seu coachee como uma oportunidade de gerar aprendizado, fazendo perguntas que contribuem para que o coachee use os seus recursos internos para idealizar novas alternativas de solução.

O papel do coach é tirá-lo da cegueira, ajudando-o a reavaliar seu modelo mental, sua maneira de pensar e seus hábitos. Uma vez fora da névoa mental, da ilusão autogerada, o coachee consegue enxergar outras possibilidades.

As alternativas de solução já existiam, estavam prontas para serem enxergadas, mas a percepção mental do indivíduo o cega momentaneamente. Não é uma questão de inteligência, mas de hábito mental. Quanto mais inteligente for a pessoa, mais brilhantes serão os seus argumentos para provar que não existe outra solução.

Uma simples pergunta bem colocada do coach consegue "quebrar" o processo automático neuronal. Assim, para procurar a nova resposta, outras áreas do cérebro são ativadas.

Mito: Coaching leva muito tempo.

Verdade: O coaching permite que o coachee aprenda a ser independente e caminhe sozinho.

Como coaching é um processo direcionado ao desenvolvimento de competências predefinidas, o coach mantém o coachee focado no aprendizado, realizando conversas mais efetivas e eficientes, aumentando as probabilidades de sucesso.

Mito: Um bom coach ajuda a conseguir aumento e outros benefícios.

Verdade: Um bom coach ajuda a desenvolver competências.

Não há promessas, mas se sorte é junção de competência + oportunidade, aumentar a competência aumentará as possibilidades.

Mito: Coaching é intuitivo e não funciona.

Verdade: Coaching é um processo estruturado com foco na solução.

A função do coach não é de simplesmente ouvir o desabafo do coachee. O desabafo ou reclamação inicial é apenas o trampolim em cima do qual se buscam alternativas melhores.

Mito: Coaching é modismo.

Verdade: Líderes através da história fizeram coaching.

Sócrates, o filósofo grego do século V a.C. já fazia isso. O método socrático consiste em uma técnica de investigação filosófica feita em diálogo onde o professor conduz o aluno a um processo de reflexão e descoberta dos próprios valores. Para isso, ele faz uso de perguntas simples e quase ingênuas que têm por objetivo, em primeiro lugar, revelar as contradições presentes na atual forma de pensar do aluno, normalmente baseadas em valores e preconceitos da sociedade, e auxiliá-lo assim a redefinir tais valores, aprendendo a pensar por si mesmo.

Mito: Basta uma conversa só.
Verdade: Coaching é um processo de aprendizado.

Existe um tempo natural a cada indivíduo para que este aprendizado ocorra. É um processo contínuo, de tentativas e erros, até que o coachee consiga consolidar o comportamento novo que está treinando. O diagnóstico sem sugestão de tratamento é absolutamente inútil na medicina e na atuação de um coach essa mesma premissa é válida. Não basta uma única conversa para apontar erros que seu coachee está cometendo. O objetivo não é julgá-lo. Você vai acompanhá-lo na nova trajetória que será traçada e percorrida por ele.

Mito: Coaching é avaliação de desempenho.
Verdade: Coaching é avaliação e desenvolvimento de competências.

O objetivo é avaliar quais competências o coachee precisa desenvolver para que aumente sua excelência. A mesma energia que se gasta reagindo a um problema pode ser usada para criar a solução.

Mito: Demonstrar humanidade é ser vulnerável.
Verdade: Coaching é ver e interagir com o outro de forma adulta.

A base do trabalho de coaching está na interação pessoal com seus coachees. A capacidade de escutar o que os coachees têm a dizer não é sinal de vulnerabilidade do coach, é sinal de respeito, e é essa interação que gera lealdade.

Coaching não é aceitar manha, muito pelo contrário, é escutar o que o outro tem a dizer e depois contribuir para que ele perceba possíveis alternativas, para que ele se responsabilize pela solução.

Mas não vamos colocar os carros na frente dos bois. Para atuar como coach você precisa ser um excelente ser humano, pois ninguém dá o que não tem. Precisa também aprender a ser um grande líder, porque, embora talvez você faça uma carreira solo e opte por não ter equipe de trabalho organizando suas palestras e sessões de coaching, você estará atuando como líder a cada vez que estiver num palco tocando mentes e corações de centenas de pessoas. Também será líder quando, nas sessões de coaching, ajudar seus clientes a encontrarem os rumos que desejam para as suas vidas.

Então, antes de sair por aí desenvolvendo pessoas, vamos cuidar do seu aprimoramento pessoal e profissional.

É o que faremos a partir do Capítulo 2, trabalhando cinco princípios do Líder Coach Transformador, que são:

- Descubra quem você é.
- Identifique como você é visto pelos outros.
- Aceite-se integralmente.
- Mostre o seu melhor.
- Auxilie os outros em sua jornada.

Estes princípios nortearão não só o seu desenvolvimento, mas também as mesmas ferramentas que vou aplicar em você para que se desenvolva serão depois aplicadas por você em seus coachees. Ou seja, você terá a oportunidade de experimentar o que depois vai aplicar.

E o primeiro princípio é: **Descubra quem você é.**

Antes do próximo capítulo, sua tarefa de casa é ler o livro *Agora é Pra Valer*, da DVS Editora. Você pode encontrá-lo no site da DVS ou em meu site: http://marcialuz.com/

A partir dele trabalharemos os princípios da Liderança Transformadora, assim como a Beatriz Sampaio, uma coach supercompetente, fez com o Lucio Queiroz no livro. Leia o livro imaginando-se em breve sendo a Beatriz Sampaio da vida dos seus clientes.

TAREFA COMPLEMENTAR ❷

Você também deve assistir ao filme *Invictus*. Esse filme conta a história de um grande Líder Transformador. Recentemente eleito presidente, Nelson Mandela (Morgan Freeman) tinha consciência de que a África do Sul continuava sendo um país racista e economicamente dividido em decorrência do apartheid. A proximidade da Copa do Mundo de Rúgbi, pela primeira vez realizada no país, fez com que Mandela resolvesse usar o esporte para unir a população. Para tanto, chama para uma reunião Francois Pienaar (Matt Damon), capitão da equipe sul-africana, e o incentiva para que a seleção nacional seja campeã.

Mesmo que você já tenha assistido ao filme ou lido o livro, faça-o novamente, agora com o olhar de quem está investindo em sua carreira de Coach da Gratidão.

Essas duas tarefas vão consolidar o que vimos até aqui e prepará-lo para o Capítulo 2.

Até lá.

CAPÍTULO 2

Descubra quem você é

Se você almeja alcançar alta performance como Coach da Gratidão, antes precisa aprender a ser um grande líder transformador. Por sua vez, você só conseguirá ser um líder melhor ao final deste livro se tiver total clareza de quem você é hoje, quais são suas qualidades e aspectos a serem desenvolvidos, seus pontos fortes e fracos, suas ameaças e oportunidades.

O primeiro princípio da Liderança Transformadora é: **Descubra quem você é.**

Então vamos a ele.

Identifique de que ponto você está começando a jornada. Revele-se a si mesmo.

A maioria das pessoas evita fazer contato com sua própria essência, como se temessem descobrir um "monstro interior" que uma vez localizado, não poderá mais ser controlado. Não acredito que haja um monstro do Lago Ness dentro de você e, ainda se houver, melhor descobrir logo do que ser devorado por ele a qualquer momento, não é mesmo?

Se você não sabe quais são suas competências e pontos a desenvolver, habilidades e inseguranças, forças e fraquezas, e se não tem total clareza de onde está e onde deseja chegar, fica muito difícil realizar progressos em sua caminhada.

Vou começar uma série de questões que vão ajudá-lo a descobrir quem você é.

É fundamental que você tenha um caderno e uma caneta à mão para anotar todos os seus insights, ideias e reflexões que forem surgindo. Além disso você vai preencher o **Formulário de Diagnóstico Inicial (ANEXO 1)**, que está no final deste livro.

Por favor, responda cada questão da maneira mais honesta e completa possível. Só fazendo o exercício este capítulo terá o efeito que você precisa para ser um Líder Coach Transformador. Entenda que responder as questões de forma verdadeira é mesmo fundamental, ok?

E por que por escrito? Porque quando você anota, sua mente registra a resposta de maneira mais efetiva. Além disso, mais tarde você poderá voltar a elas observando o seu progresso, percebendo o que mudou em você.

Preparado? Então vamos lá.

Eu pergunto, você responde

CARACTERÍSTICAS PESSOAIS E PROFISSIONAIS:
1. A cultura da empresa onde você trabalha é mais *hard* ou mais *soft*?
2. E no passado, como era?
3. Como você gostaria que fosse no futuro?
4. Qual tipo de líder você é hoje?
5. Como era no passado?
6. Como gostaria de ser no futuro?
7. Se eu estivesse entrevistando sua equipe, e se eles fossem absolutamente sinceros, o que diriam de você hoje?
8. E no passado?
9. E o que você gostaria que dissessem no futuro?

10. Quando você está fazendo o seu melhor, o que faz em termos relacionais?
11. E no seu pior?
12. Cite uma pessoa que você admira (pode ser de seu círculo de amizade, personalidade ou personagem). Quais são suas qualidades?
13. Se eu estivesse entrevistando seus amigos, cônjuges ou filhos, o que eles me diriam de positivo sobre você?
14. E o que eles reclamariam de você?
15. Você cultiva os seus relacionamentos? De que maneira? Visita, telefona, escreve, cumprimenta em datas significativas?

HISTÓRICO DE EVENTOS DE VIDA:
16. Cite 10 momentos de definição em sua vida. Escolha momentos importantes que aconteceram sem que você escolhesse passar por eles (por exemplo: separação dos pais). Relate também como você mudou após cada um deles.
17. Cite sete escolhas decisivas feitas por você e sua percepção de si mesmo em cada uma delas.
18. Cite cinco pessoas influentes em sua vida, positiva ou negativamente. Como cada uma delas influenciou você?
19. Há quanto tempo você não vai ao médico? Já fez algum check-up? Quando foi a sua última consulta? Qual o motivo?

DECLARAÇÃO DE PROPÓSITO OU MISSÃO:
20. Por que você acorda todos os dias? O que lhe dá motivação para trabalhar?
21. Qual o seu propósito no trabalho? O que você traz para a sua empresa?
22. O que o diferencia dos demais colaboradores da empresa?

23. Se hoje você estivesse se aposentando, o que gostaria que as pessoas viessem lhe dizer? Como gostaria de ser lembrado?
24. Qual o legado você quer deixar quando partir deste mundo?

VALORES:
25. O que o motiva? Quando você se sente energizado?
26. Quando se sente importante? Por que isso é importante?
27. O que você faria de tudo para evitar (irritações, pesos, emoções, defeitos)?
28. O que você não tolera?
29. Todo homem tem seu preço (em dinheiro, joias, imóveis, benefícios, mordomia, etc.). Você concorda? Qual é o seu preço?

METAS:
30. Onde você gostaria de estar em um, três, cinco anos.
31. De tudo o que surgiu, qual a meta mais importante?
32. Qual a competência que se você tivesse desenvolvida criaria maior impacto positivo agora para alcançar esta meta?
33. Qual é o seu grande sonho profissional ainda não realizado? Você tem esperança de conseguir realizá-lo? O que falta?
34. Você é, de fato, um profissional competente? Em que você é realmente bom? Que contribuições ou benefícios você pode proporcionar a um empregador ou cliente?

MAPEANDO O FUTURO:
35. Você tem alguma reserva financeira de contingência? Na falta do emprego, durante quantos meses conseguiria viver com suas próprias economias?
36. O que você faz diferente, o que você tem ou faz que os outros não fazem?

37. O que mais você precisa desenvolver para se diferenciar?

38. Quem se interessaria pelo que você tem a oferecer?

Uff! Por enquanto chega de perguntas! Imagino que você deve estar precisando de uma parada para descansar. Estas perguntas talvez tenham gerado um certo desconforto, pois fazem pensar sobre várias áreas de sua vida. No entanto, agora é a hora de realmente conhecer-se profundamente.

E você tem algumas tarefas complementares que o ajudarão a desenhar o retrato que estamos construindo de você.

Para isso, você vai preencher os seguintes formulários:

TAREFA COMPLEMENTAR ❶

Formulário de identificação do Propósito de Vida e valores (ANEXO 2): o preenchimento desse formulário permitirá a você a construção de sua missão pessoal e profissional. Ajudará a fazer com que você tenha clareza de seu propósito de vida. Imagine que sua vida tem um propósito único – realizado através do que você faz, das suas relações e do modo como você vive. Descrever esse propósito proporciona uma poderosa reflexão sobre suas aspirações e ajuda a sinalizar se você está caminhando na direção certa ou não em sua vida.

TAREFA COMPLEMENTAR ❷

Roda da Vida (ANEXO 3): é necessário que haja um certo equilíbrio entre as áreas da sua vida. Quanto mais irregular estiver a sua roda, mais força terá que fazer para avançar. É como uma corrente com elos muito fracos; se um arrebentar, prejudica o todo. Avalie o seu nível de satisfação atual em cada uma das áreas da sua vida e identifique de que forma você está "rodando" rumo aos resultados desejados e à sua felicidade.

TAREFA COMPLEMENTAR ❸

Além disso, você vai assistir ao filme *Um Sonho Possível*, que vai aprofundar o tema autoconhecimento.

O filme conta a história real de Michael Oher, mais conhecido como Big Mike, um jovem negro sem casa, vindo de um lar destruído, que é acolhido por uma família branca de classe alta, que acredita em seu potencial. Com a ajuda do treinador de futebol americano de sua escola e de sua nova família, Oher terá de superar diversos desafios à sua frente, o que também mudará a vida de todos à sua volta.

Uma vez preenchido esse material e assistido ao filme será como se você tivesse se olhado no espelho, sem filtros, sem máscaras, sem disfarces.

Mergulhe nessa aventura de conhecer-se profundamente e prepare-se para saltar para um novo patamar de relacionamento com as pessoas à sua volta e até com você mesmo.

Encontro você no próximo capítulo, mas só depois de suas tarefas complementares realizadas, combinado?

CAPÍTULO 3

Identifique como você é visto pelos outros

Imagino que o capítulo passado ajudou-o a saber um pouco mais a seu respeito, fazendo com que você tivesse oportunidade de entrar em contato até com desejos, necessidades e frustrações que estavam adormecidos. Mas isso não é suficiente para ter um mapa completo de quem é você.

A maneira como você se vê com certeza é muito diferente da forma como os outros o veem. Isso acontece com todo mundo. Para compreender melhor como este processo se dá, observe a Janela de Johari.

Janela de Johari é uma ferramenta conceitual, criada por Joseph Luft e Harrington Ingham em 1955, que tem como objetivo auxiliar no entendimento da comunicação interpessoal e nos relacionamentos com um grupo.

A ferramenta pode ser aplicada para compreender as interações intra e interpessoais em várias situações, seja entre indivíduos, grupos ou organizações.

A palavra Johari tem origem na composição dos prenomes dos seus criadores: Jo(seph) e Hari(Harrington).

O modelo permite revelar como ocorrem as relações interpessoais de um determinado indivíduo, classificando os elementos que o dominam, num gráfico de duas entradas (janelas) que são: busca de feedback *versus* autoexposição, subdividido em quatro áreas:

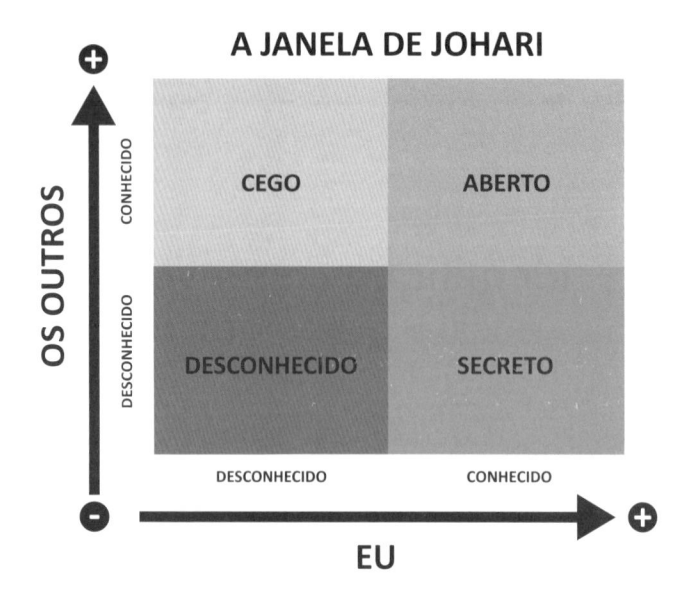

A JANELA DE JOHARI

	EU desconhecido	EU conhecido
OS OUTROS conhecido	CEGO	ABERTO
OS OUTROS desconhecido	DESCONHECIDO	SECRETO

- **EU aberto**: qualidades que você sabe que tem e os outros também. É uma espécie de retrato onde a pessoa se identifica assim como os outros a identificam;
- **EU secreto**: qualidades que você sabe que tem e os outros, não. É o que a pessoa realmente é, mas esconde das demais;
- **EU cego**: qualidades que você não sabe que tem, mas os outros, sim. A percepção das demais pessoas sobre você;
- **EU desconhecido**: qualidades que nem você nem os outros sabem que você possui. É o que está presente no subconsciente, difícil de ser analisado e percebido.

Talvez você esteja pensando o seguinte em relação ao EU desconhecido: mas se ninguém sabe que essas qualidades existem, nem os outros, nem mesmo eu, quem garante que existem mesmo? Boa pergunta, o que exige uma boa resposta.

Sabemos que o Eu desconhecido existe porque em situações pontuais ele vem à tona, surpreendendo a todos, inclusive a você mesmo.

Sabe aquelas situações onde a vida o coloca numa situação limítrofe, de muita dor, ou de muito desafio, e você tem uma série de atitudes fantásticas ou horríveis e depois, quando olha para trás, comenta: "Nem eu mesmo sabia que seria capaz de fazer o que eu fiz." Pois bem, foi o Eu desconhecido que resolveu dar as caras quando foi provocado pela vida.

E o que eu posso fazer com as informações que a Janela de Johari me dá? Seu objetivo deve ser diminuir o EU cego e ampliar a área de dominância do EU aberto, pois é no EU aberto que suas potencialidades mais se manifestam e como Coach da Gratidão você é capaz de ajudar um maior número de pessoas.

E você só consegue ampliar o seu Eu aberto através do feedback, ou seja, as outras pessoas precisam informar a você o que estão vendo a seu respeito que possivelmente você desconhece ou até conhece e imaginava que não ficava evidente.

Acontece que dificilmente as pessoas nos dão este tipo de feedback, o que não significa que elas não estejam vendo aspectos que aprovam ou desaprovam em você. E o que vale realmente nos relacionamentos é como você é visto, pois é a partir desta percepção que as pessoas irão reagir às suas ações.

Se você quer ser um líder transformador, e um Coach da Gratidão realmente competente, precisa saber quais são as opiniões de sua equipe, fornecedores, parceiros acerca de suas atitudes e maneira de se relacionar com o ambiente profissional.

Então é sobre esse ponto que vamos trabalhar a seguir, o segundo princípio da Liderança Transformadora: **Identifique como você é visto pelos outros.**

Vem comigo.

Feedback, uma ferramenta valiosa

Como vimos anteriormente, sozinho você é capaz de enxergar alguns aspectos a seu respeito, mas vários ficam na janela do EU desconhecido. Para ampliar a percepção acerca de si mesmo, você precisará de feedback.

E só existe uma forma de conseguir o feedback da sua equipe, parceiros, fornecedores: solicitando. Eles provavelmente não se sentirão à vontade para responder, por isso vamos optar por dois caminhos:

- Conversa com todas as pessoas que de alguma forma trabalham ou prestam serviço diretamente para você de uma vez só, numa reunião, onde você vai explicar o propósito do trabalho. Depois desta etapa você vai realizar entrevistas individuais;

- Preenchimento de uma avaliação 360°.

Na conversa com este seu grupo de referência na reunião geral você pode dizer que está estudando e aplicando os conteúdos de um livro de Coach da Gratidão e quer se tornar um líder melhor. Para isso precisa ouvir de cada pessoa o que você está fazendo de positivo como líder e o que precisa ser aperfeiçoado. Diga que fará entrevistas individuais para que as pessoas fiquem mais à vontade para responder.

Para as entrevistas individuais, procure um lugar onde vocês possam ter privacidade, deixe a pessoa à vontade, evite mesas entre vocês, o ideal são duas cadeiras frente a frente, repita a proposta do feedback e diga que você só poderá ser um líder melhor com a ajuda dela. Encoraje-a a falar dos pontos a desenvolver e assuma a postura adequada ao receber feedback que é a seguinte:

⇒ **Ouça atentamente**
⇒ **Reflita sobre o conteúdo do feedback**
⇒ **Faça perguntas para clarificar**
⇒ **Evite as justificativas e racionalizações**

Você precisa dormir uma noite com o feedback antes de justificá-lo, pois, num primeiro momento, a tendência do ser humano é justificar-se. Uma vez que a emoção baixar, você terá condição de separar o que serve e o que não serve no feedback e realmente aproveitá-lo.

Durante o feedback apenas ouça e agradeça no final. Nem sonhe com qualquer tipo de retaliação ou ajuste de contas sob pena de perder a confiança de TODO o grupo para sempre!

Se você precisar discordar de algum ponto que foi dito a seu respeito, faça isso somente depois de dormir uma noite com o feedback.

Eu sei que é difícil ir para casa com a sensação de que tem um sapo entalado na garganta, mas isto é necessário. No calor do momento, as palavras que o outro disse não vão entrar, principalmente se acertaram em cheio numa ferida antiga sua.

Ao ir para casa com o feedback você ganha tempo para a emoção do momento diminuir e aí poderá olhar com mais imparcialidade para o que foi dito, aproveitando tudo que realmente é útil para o seu crescimento.

Quanto à avaliação 360°, ela deve ser aplicada da seguinte forma:
- Escolha o grupo que preencherá os questionários; você precisa de ao menos 12 pessoas distribuídas entre chefias, pares, subordinados ou fornecedores. O ideal é que a maioria seja subordinado, no caso de você ter uma equipe que trabalha para você.
- Eleja uma pessoa que coordenará todo o processo, entregando os formulários em envelope lacrado sem identificação. Explique para essa pessoa como funciona o preenchimento do questionário, detalhadamente, assegurando-se que ela realmente entendeu e peça para que ela faça o mesmo com cada pessoa que participará do processo.
- Tabule as respostas por categorias: pares/chefia/subordinados/fornecedores (se for o caso) para observar percepções diferentes entre elas, mas depois some as 12 avaliações (número total) por competência avaliada, ou seja, por linha.

- Despreze as questões com resposta 1, pois elas ficaram em cima do muro entre os dois extremos.
- Identifique em quais aspectos você foi melhor avaliado e, portanto, são seus alavancadores de crescimento.
- Identifique em quais aspectos você foi pior avaliado e, portanto, são as competências que você precisará desenvolver.
- Elabore um plano de ação para trabalhar estes aspectos, com pelo menos cinco ações para cada aspecto.

Veja agora como fazer a tabulação:

Vamos pegar a primeira linha do questionário para exemplificar: Rígido x Flexível

Se as notas estão concentradas nas colunas da esquerda, significa que o consideram mais rígido; se estão nas colunas da direita, significa que o acham mais flexível. Some todas as notas que ganhou nas colunas da esquerda e separadamente some as notas que ganhou na coluna da direita e veja qual dos dois lados teve maior pontuação. Se 12 pessoas o avaliaram, você deverá ter 12 notas por linha para somar. Em nosso exemplo vamos trabalhar apenas com seis notas, como se apenas seis pessoas tivessem avaliado.

Preocupe-se quando as pontuações maiores estiverem concentradas do lado esquerdo.

Uma vez as duas somas realizadas, subtraia uma da outra da seguinte maneira (lembre-se que estou trabalhando com um exemplo de seis pessoas, mas você terá 12 em sua amostra):

Imagine que quatro pessoas deram notas do lado esquerdo com os seguintes valores: 4, 4, 5, 2 num total de 15 pontos, uma pessoa deu nota 1 (você despreza porque fica entre as duas categorias) e a outra pessoa deu nota 3 do lado direito num total de 3 pontos. Temos o seguinte total geral: 15 pontos para rígido menos 3 pontos para flexível = 12 pontos para rígido.

Faça isso para cada uma das linhas e terá um resultado final geral mostrando quais suas áreas de sucesso e que áreas precisa trabalhar/desenvolver.

Talvez os resultados não sejam muito confortáveis, mas só enxergando seus pontos a desenvolver você terá condições de crescer.

Tenha calma, não fique ansioso para resolver tudo de uma vez. Se você achar desconfortável começar a mudança pelo aspecto cujo resultado foi mais preocupante, não há problema. Escolha outro mais fácil de trabalhar, pois os seus progressos nessa outra área lhe darão motivação para modificar o que está mais difícil de atuar.

Agora vamos imaginar que sua avaliação foi fabulosa e que você só teve notas do lado direito da tabela. Ainda assim é possível trabalhar. Escolha o item em que o somatório da nota deu mais baixo e comece por ele.

Como tarefa de casa você tem então:

TAREFA COMPLEMENTAR ❶
Aplicar o Formulário de Avaliação 360° em seu grupo de referência (ANEXO 4).

TAREFA COMPLEMENTAR ❷
Assistir ao filme: *Uma Segunda Chance*.
Este filme é de 1991. Você encontrará em locadoras que têm acervo ou achará facilmente na internet para baixar. Embora seja antigo, sua mensagem é impactante e nos faz rever posturas que assumimos e não nos damos conta, o EU cego.

Henry Turner (Harrison Ford) é um frio advogado de uma grande empresa, que acabou de ganhar um caso usando um artifício nada louvável. Em seu lar ele é extremamente rígido com sua filha adolescente e tem com sua esposa Sarah um casamento de aparência. Henry trata a todos com um cruel egoísmo. Porém, toda sua vida é alterada quando num assalto é baleado e perde a memória. Já em sua casa, suas lembranças começam a ser refeitas de forma bem lenta. Durante este processo Henry vai se revelando uma pessoa bem mais gentil e humana, que começa a questionar seu comportamento no passado.

Nos encontramos então no próximo capítulo.

CAPÍTULO 4

Aceite-se integralmente

Olá, seja muito bem-vindo ao nosso quarto capítulo. É possível que nesta etapa do livro você não esteja se sentindo muito feliz consigo, pois se apropriou de vários pontos a desenvolver, de aspectos que estavam adormecidos e que vieram à tona com estes exercícios de autoconhecimento e por ouvir a opinião das demais pessoas à sua volta a seu respeito.

Pois bem, bem-vindo ao clube dos seres humanos, que possuem qualidades e defeitos. É hora de trabalhar o terceiro princípio da Liderança Transformadora: **Aceite-se integralmente.**

Vamos lá então?

Somos seres dualistas, feitos de forças opostas. No entanto, para a maioria das pessoas é muito difícil admitir que possuem um lado sombra, uma parte de si mesmas da qual não se orgulham.

O ser humano se tem em alta conta e prefere fazer contato apenas com seu lado luz, porém só existe a luz porque existe a sombra.

Correr da sombra apenas intensifica o seu poder. Por outro lado, abraçar a sombra nos concede uma plenitude, permite que sejamos reais, reassumindo o nosso poder, libertando nossa paixão e realizando nossos sonhos.

Se você tentar sufocar seus sentimentos de raiva, medo, insegurança, inveja e sexualidade, a sombra ganha mais energia para seu próprio uso.

Em vez de permitir que a sombra nos vitimize, precisamos assumir o controle e recuperar nossas verdadeiras funções como criadores.

Até que você faça as pazes com os seus sentimentos negativos, eles persistirão. A maneira de lidar com a negatividade é reconhecê-la. Sinta o sentimento, seja ele raiva, medo, inveja, agressividade ou qualquer outra coisa e diga: "Eu o vejo, você me pertence."

Você pode se desprender da negatividade. O processo começa com o reconhecimento de seus sentimentos indesejados, trazendo-os à superfície. A negatividade não é você; considere qualquer reação negativa como se fosse uma alergia, algo que modifica sua situação apenas temporariamente. Uma alergia é sua, mas não é você.

Mas como identificar seu lado sombra? É o que eu vou lhe ensinar a seguir. Vem comigo.

Veja como identificar seu lado sombra

Veja agora como identificar seu lado sombra. Vamos fazer um pequeno exercício: vou lhe pedir para pensar na característica nos seres humanos que você mais abomina, o que mais o incomoda, o que lhe provoca repulsa quando você identifica em outra pessoa.

Pensou? Anote esta característica. Agora olhe para ela e responda a seguinte pergunta: relate uma situação em que você demonstrou exatamente essa característica que tanto abomina. Isso mesmo. Lembre-se e anote um exemplo de uma situação em que você fez exatamente isso que condena. E não vale dizer que nunca fez ou que não lembra; consulte seu banco de memória, pois tenho certeza que você tem um exemplo para dar.

Por que tenho tanta certeza? Simples: aquilo que julgamos ou condenamos nos outros é uma parte rejeitada de nós mesmos. "Se você viu, é porque também tem."

Por favor, não fique chateado comigo. Vamos entender como o processo funciona.

Uma vez que entro na escuridão de culpar e julgar, fico cega para enxergar minha luz e não consigo achar meu self melhor. Na realidade, o que fazemos é projetar no outro o que não queremos que se manifeste em nós.

É o caso daquela sogra que viveu escrava dos serviços domésticos durante toda a vida e muitas vezes se sentiu explorada pela família, querendo dar seu grito de alforria e cuidar de si própria, mas nunca teve coragem. Aí ela tem uma nora que aproveita todas as oportunidades para passear, viajar e curtir a vida, e que faz o estritamente necessário nas tarefas de casa. Evidentemente, esta nora não capricha tanto quanto a sogra na faxina, porque dedica menos tempo a isso. Aí, quando a sogra vai visitar a nora, rapidamente identifica sujeira nos cantinhos da casa e pensa: "Coitado do meu filho! Casou com uma mulher porca e desleixada."

O que realmente está incomodando esta sogra é ver que a nora consegue fazer o que no fundo ela mesma desejava muito, mas não tem coragem de realizar, que é dizer "que se dane" para o serviço escravo do lar e dedicar mais tempo a si mesma.

Assumir as próprias projeções é uma experiência corajosa que o torna humilde e pela qual todos temos de passar para encontrar a paz. Em geral, estamos fazendo exatamente o que criticamos nos outros.

Se você escolher, pode olhar agora para o que o afeta emocionalmente como um alarme, uma pista para desvendar sua sombra, um catalisador para o crescimento que lhe dá a oportunidade de recuperar um aspecto oculto de si mesmo.

Aprendemos na família, na igreja, que precisamos ser bonzinhos o tempo todo para ganhar o reino dos céus. Acontece que ser totalmente bom o tempo todo é tão rígido quanto ser qualquer outra coisa o tempo todo; há momentos em que é absolutamente certo e saudável ficar zangado ou sentir medo.

No entanto, o ideal é que as forças da verdade, bondade e paz fiquem um passo à frente das forças sombrias.

Os únicos que conquistam a sombra não lutam com ela; eles a transcendem. Quando você transcende, vai além.

O mais importante na reconstrução do corpo emocional é se tornar mais inteiro.

Da perspectiva da plenitude você pode equilibrar a escuridão e a luz sem se tornar escravo de nenhuma delas. A oposição entre as duas pode se transformar em tensão criativa. O mocinho tem que continuar ganhando, mas é melhor o bandido não perder de vez, pois então seria o fim da história.

Você precisa de seus inimigos para ser quem você é.

A plenitude sempre tenta restaurar a si mesma. Seu corpo tem um leque de técnicas de cura. A plenitude e a cura estão intimamente ligadas.

Ser pleno é estar inteiramente curado. Você não estará inteiramente curado até que seu self dividido seja transformado.

A plenitude não é real até que os conflitos ocultos de sua vida sejam resolvidos.

Todos temos momentos do passado em que a dor emocional foi demais para suportar, então, nós a reprimimos na escuridão da sombra.

Quanto mais tentamos reprimir os aspectos de nossa personalidade que julgamos inaceitáveis, mais eles encontram meios nocivos de se expressar.

Em vez de sermos quem realmente somos, nós nos tornamos uma caracterização da pessoa que achamos que "deveríamos" ser.

Isso precisa mudar, pois seu futuro depende da eliminação de seu passado.

Uma imagem pessoal idealizada não é uma solução viável. Apenas a autoaceitação é. Demolir a imagem ideal de si mesmo é um desafio, porque ela é uma defesa bem mais útil que uma simples negação. Conforme se enxergar de modo mais completo, terá compaixão por suas falhas, o que o conduzirá à autoaceitação completa.

Precisamos abraçar nossa sombra para que possamos conhecer a liberdade de viver uma vida transparente, para nos sentirmos livres o suficiente e convidarmos outros a entrar em nossa vida.

O processo de reparação envolve coragem, compaixão e honestidade com você mesmo.

Seus segredos o mantêm doente. A maioria de nós tem uma vida secreta e outra aberta.

A única forma de lutar contra a mágoa e a natureza opressiva de nossa sombra é com perdão e compaixão. O perdão não acontece em nossa cabeça, mas no coração.

Na presença do amor, o medo some.

O verdadeiro perdão significa saber que ninguém, de fato, é culpado. Todos nós somos inocentes aos olhos de Deus. Nossa luz é que é real, não nossa escuridão.

Agora, para consolidar o que você aprendeu neste capítulo, você vai preencher dois exercícios:

TAREFA COMPLEMENTAR ❶ Questionário de checagem do Efeito Sombra (ANEXO 5)

TAREFA COMPLEMENTAR ❷ Diagrama de Campo de Forças (ANEXO 6)
O primeiro apontará como você está lidando com sua sombra. E o segundo permitirá que você equilibre os campos opostos que regem sua vida, resgatando a harmonia e caminhando em direção à plenitude.

TAREFA COMPLEMENTAR ❸ Finalmente você vai assistir ao filme *Duas Vidas* para trabalharmos a autoaceitação.

Se você tivesse a chance de encontrar consigo mesmo quando tinha 8 anos de idade, será que aquela feliz criança gostaria de ver o que você se tornou quando cresceu? Em se tratando de Russ Duritz, a resposta é um ressoante "Não!" Russ (Bruce Willis) tem sua pacata vida como um profissional bem-sucedido virada de cabeça para baixo quando, de forma mágica e inesperada, encontra Rusty, ele mesmo com apenas 8 anos de idade.

Rusty, um doce e ligeiramente gordo menino, não fica nada feliz ao ver seus sonhos de ser um piloto de avião irem por água abaixo após conhecer sua versão adulta. Porém, o convívio de ambos ajudará Russ a relembrar seus sonhos de infância, para que ele possa se tornar o adulto que sonhava ser quando criança.

Até o próximo capítulo.

CAPÍTULO 5

Mostre o seu melhor

Olá, você já caminhou bastante na leitura deste livro e a essas alturas já fez algo muito importante: muito provavelmente você aprendeu ou está aprendendo a lidar com seu lado sombra, o que permite dar um grande salto em seu processo de crescimento rumo à plenitude.

Aprendi com o Anthony Robbins, no curso que fiz com ele em dezembro de 2016, que um Coach da Gratidão só consegue transformar pessoas chegando até a alma de cada uma delas. E você só acessa a alma das pessoas quando mostra a elas o seu interior primeiro. Exponha-se verdadeiramente e conquistará a confiança delas.

Na realidade, eu já trabalhava esse conceito há muitos anos nas mais de 400 turmas de formação de instrutores e palestrantes que já ensinei. Só que eu ensinava isso usando a simbologia que Pierre Weil nos apresenta no livro *O Corpo Fala*.

Pierre Weil compara o ser humano com uma esfinge, sendo que na cabeça está a águia, que simboliza o conhecimento, no peito está o leão que rege as emoções e na região do estômago está o boi, responsável pelos instintos de fome, sede, sexualidade.

Pois bem, o excelente Coach da Gratidão precisa levar para seu trabalho de palco ou de atendimento tanto a águia quanto o leão, conversando com as mentes e corações de suas audiências e clientes.

Coach que só se garante pelo conhecimento porque tem medo de se expor não acessa o coração das pessoas e por isso não provoca verdadeiras transformações.

E agora que você já conhece a dor e a delícia de ser quem você é, terá condições de trabalhar com muito mais maestria seus futuros clientes.

Então está na hora de ir além no seu processo de se transformar num grande Líder Transformador. Uma vez que você já está consciente de que possui os dois lados, o desafio é fazer com que sua luz tenha mais espaço para crescer do que seu lado obscuro. É o que nos ensina o quarto princípio da Liderança Transformadora: **Mostre o seu melhor.**

Da mesma forma como entrou em contato com o seu lado sombra, você precisa enxergar suas qualidades. Sua sombra pode estar gerando tanta autocobrança, a ponto de você não mais visualizar o seu lado luz. É o que vou lhe ensinar em seguida.

Veja como identificar o que você tem de melhor

Para identificar o que você tem de melhor e mostrar ao mundo, a dica é a seguinte: pense numa qualidade que você valoriza muito nas outras pessoas, algo que você admira e pensa: "Um dia eu quero conseguir ser assim." Anote esta característica.

Agora olhe para ela e relate uma situação em que você apresentou exatamente essa qualidade que admira tanto nos outros. Consulte sua memória, lembre-se de um exemplo, pois tenho certeza de que eles existem.

Vale aqui a mesma lógica de quando trabalhamos seu lado sombra: se estiver atraído por uma qualidade em alguém, independentemente de sua grandiosidade, ela também existe em você.

Muitas vezes não percebemos, pois nossa autoestima rebaixada não permite. Em um dia comum, na vida de uma pessoa comum, o número de pensamentos sombrios que surgem é astronômico. Cultivamos diálogos internos negativos, frases que dizemos a nós mesmos

e que vão construindo um panorama de medo, insegurança ou fracasso. São frases do tipo:
- Isso não vai dar certo.
- Eu sempre fracasso.
- Ninguém vai gostar das minhas ideias.
- Não adianta alimentar esperanças porque sempre faço a escolha errada.
- Só comigo que as coisas não funcionam.
- Eu não dou sorte mesmo.
- Não tenho tanta habilidade ou inteligência.

É preciso substituir esse diálogo interno negativo por frases positivas que o conduzam para uma nova forma de enxergar o mundo e, por consequência, para um novo patamar de resultados.

FUNCIONAMOS DA SEGUINTE FORMA:
Pensamentos geram sentimentos que provocam ações que feitas repetidamente viram hábitos, que estruturam o seu caráter, que finalmente definem o seu destino. Se você não está contente com a forma como a sua vida está hoje, ou seja, com o seu destino, é necessário mudar os pensamentos.

Você é o que você pensa!

Cinco minutos de meditação matinal séria pode garantir que ela guie nosso pensamento ao longo do dia.

Para encontrar amor, você tem de ser capaz de enxergar a si mesmo como alguém que pode ser amado. A névoa da ilusão gera o medo; removendo o medo, o que fica é o amor.

Para encontrar o sucesso você precisa acreditar em si mesmo e abrir-se para as dádivas que a vida tem para você. Acredite na abundância e não na escassez, pois a vida lhe devolve o que você planta no campo mental e, por consequência, no campo das ações.

Outra maneira de mostrar o seu melhor é ressignificando sua relação com as pessoas à sua volta. Vivemos acreditando no mito de que prazer, posses, realizações nos trarão plenitude, mas nada disso proporciona verdadeira felicidade. Só quando você se livra das amarras do ego, mostrando o seu melhor, apropriando-se da sua magia, ajudando outras pessoas a fazerem o mesmo, é que realmente será feliz.

Isto é ser um Líder Transformador.

Como tarefa de casa, você tem duas ferramentas para trabalhar:

TAREFA COMPLEMENTAR ❶ Fatores de sucesso (ANEXO 7)

TAREFA COMPLEMENTAR ❷ Matriz comportamental da alta performance (ANEXO 8)

TAREFA COMPLEMENTAR ❸ Além disso, para sedimentar o princípio "Mostre o seu melhor", irá assistir ao filme *Meu Malvado Favorito*.

A pirâmide de Gizé foi roubada, sendo substituída por uma imensa réplica a gás. O feito é considerado o roubo do século, o que mexe com o orgulho de Gru. Desejando realizar algo ainda mais impressionante, ele planeja o roubo da Lua. Para tanto, conta com a ajuda dos mínions, seres amarelados que trabalham como seus ajudantes, e do Dr. Nefário, um cientista. Só que para realizar o roubo terá que tomar de Vetor, o ladrão da pirâmide, um raio que consegue diminuir o tamanho de tudo que atinge. Sem conseguir invadir a fortaleza de Vetor, Gru encontra o plano perfeito quando vê as três órfãs Margo, Agnes e Edith entrarem no local para vender biscoitos. Ele então vai ao orfanato e resolve adotá-las. Só não esperava que, aos poucos, fosse se afeiçoar às irmãs.

Invista em você.

SEGUNDA PARTE

Fundamentos sobre a Gratidão

> *Não ofereça a Deus apenas a dor de suas penitências, ofereça também suas alegrias."*
>
> Paulo Coelho

CAPÍTULO 6

Auxilie os outros em sua jornada

Bem-vindo ao nosso sexto capítulo e hoje você provavelmente já se sente muito mais preparado para ser um Líder Transformador, portanto pode colocar em prática o quinto princípio da Liderança Transformadora: **Auxilie os outros em sua jornada.**

É hora de começar a ajudar as pessoas da sua audiência a se transformarem em profissionais melhores e por consequência em seres humanos mais felizes e realizados.

Matthew Kelly, em seu livro *Os Sete Níveis da Intimidade* nos diz que nossa missão neste mundo é nos tornarmos pessoas melhores do que aquelas que chegaram ao mundo, e só existe uma forma de fazer isso: ajudando outros seres humanos a fazerem o mesmo.

Como líder, você tem infinitas oportunidades de fazer isso e o impacto que você provoca em sua equipe, e até em suas famílias, tenha consciência disso ou não, é enorme! E como Coach da Gratidão as suas oportunidades de fazer isso são ainda maiores porque você vai ter acesso a uma enorme quantidade de pessoas que precisam de ajuda para descobrirem suas missões pessoais.

Um líder Coach da Gratidão pode mudar o rumo da vida de pessoas através de gestos, palavras e sobretudo exemplos. Por isso, ser Coach da Gratidão não é um trabalho, um ofício, é uma missão! É seu o papel de ajudar a transformar este mundo num lugar melhor para se viver e isso só é possível auxiliando pessoas a alcançarem a melhor versão de si mesmas!

E a Gratidão é uma ferramenta espetacular para ajudar todos os seus coachees a superarem suas atuais dificuldades e conquistarem a vida que desejam e merecem.

Então você vai aprender agora como e porque a gratidão funciona, para que dominando o método, possa aplicá-lo com eficácia em suas sessões de coaching.

Você também aprenderá como aplicar toda a metodologia da gratidão com foco na prosperidade financeira. Quando você tiver dominado claramente esses conceitos estará pronto para começar seus atendimentos.

E então, preparado para começar? Então vem comigo.

A psicologia da Gratidão

Eu já contei para você anteriormente como a metodologia da gratidão nasceu: acompanhei tantas vezes meus alunos dando saltos incríveis de performance e produtividade quando os estimulava a praticar exercícios de gratidão diariamente, que resolvi criar um curso online trabalhando especificamente conteúdos de gratidão. E foi assim que como fruto de muitos anos de pesquisa, leitura e experiências pessoais, nasceu o livro e o curso *A Gratidão Transforma*, onde proponho ao leitor/aluno transformar sua vida em 33 dias com exercícios de gratidão. O livro e o curso juntos têm como proposta abarcar vários temas nos quais enfrentamos dificuldades na nossa vida diária, como relacionamentos, trabalho, perdão, autoestima, entre outros aspectos.

Esse trabalho tem me trazido muita realização, pois diariamente vejo a comunidade da Gratidão Transforma, que não para de crescer, sendo afetada muito positivamente pelos efeitos transformadores que a gratidão é capaz de gerar na vida daqueles que a praticam utilizando a metodologia correta. Os depoimentos sejam por escrito, ou em vídeo, não param de chegar.

Acontece que meus alunos começaram a manifestar o desejo e a necessidade de aprofundar alguns temas, de acordo com suas necessidades específicas. E foi assim que surgiu *A Gratidão Transforma a sua Vida Financeira*, *A Gratidão Transforma a sua Saúde* e *A Gratidão Transforma os seus Pensamentos*, que juntos, já transformaram a vida de aproximadamente 15 mil alunos e milhares de leitores dos quatro livros publicados.

A vertente prosperidade financeira teve sempre uma importância bem grande para meus alunos e audiência e tratei de me dedicar a esta área porque acredito que a grande maioria das pessoas possui programações mentais negativas em relação ao dinheiro, advindas das mensagens assimiladas na mais tenra infância, e de experiências ruins que tenham passado. Este é um fator relevante a ser trabalhado, pois é através da prosperidade financeira que conseguimos ter acesso a uma melhor qualidade de vida, estudos, viagens, enfim, uma vida realmente próspera em todos os sentidos, que é o que todo o ser humano merece.

Sem resolver as finanças, várias outras áreas de sua vida ficam travadas e boa parte dos problemas que você tem hoje começam a ser resolvidos assim que mudarmos seu mindset, ou seja, seu padrão mental acerca do dinheiro.

Dito isto, vamos compreender como a gratidão funciona. Vamos fazer um breve retorno no tempo até suas aulas de ciências quando estudava sobre átomos. Naquela época eles eram considerados "a menor partícula da matéria"; hoje sabemos que há partículas menores que o átomo, os quarks. Estes, por sua vez, dão origem a uma estrutura ainda menor, os neutrinos (ou supercordas), que são, em última instância, pura energia.

Ou seja: TUDO O QUE VOCÊ VÊ É ENERGIA, MANIFESTADA EM DIFERENTES FORMAS.

Nossos átomos trabalham movidos pela energia de nosso pensamento, nosso sentimento e nossa ação. Portanto, se estiverem alinhados entre si, trabalharão todos numa mesma direção (como num ímã, com polos negativo e positivo), chegando ao resultado desejado.

Imagine agora que você quer muito alguma coisa, como por exemplo a prosperidade em sua vida. O que você tem que fazer é alinhar seu pensamento, seu sentimento e sua ação – para que o resultado em sua vida seja a tão almejada prosperidade!

Tudo o que nos cerca, o universo lá fora, é formado por energia, e ela se manifesta em ondas. Estas ondas são invisíveis e na prática, conectam o que somos (corpo), o que pensamos (pensamento) e o mundo que nos cerca, como um grande fio invisível. Estas ondas se atravessam, se conectam, se atraem ou se repelem, dependendo de como estejamos pensando, sentindo ou agindo. Imagine que seu pensamento diz: "vou ser próspero", seu sentimento é "me sinto pobre", e sua ação é ficar esperando que algo aconteça na sua vida sem você fazer nada. Você acha que sua vida vai para o lado da prosperidade ou vai para o lado da vida dura e com dificuldades? Se cada átomo trabalha com um objetivo, sua vida ou não sai do lugar ou vai de mal a pior.

Estamos falando de pura Lei da Atração, e preciso corrigir uma informação equivocada que tem sido divulgada por pessoas que não compreenderam corretamente o livro ou o filme *O Segredo*: as coisas não são atraídas por nós devido a um determinado pensamento + sentimento + ação alinhados (onda). Na verdade, tudo já está à nossa volta, coisas boas e ruins, oportunidades, bênçãos ou desgraças. Quando começamos a emitir determinado pensamento, conseguimos "captar" as ondas equivalentes à frequência de onda que emitimos, da mesma forma que giramos o botão do rádio para escutar nosso tipo de música preferido. A música que queremos só nos chega aos ouvidos se girarmos o botão. As coisas que queremos só chegam em nossa vida se emitirmos o pensamento certo.

É como se bênçãos e maldições da vida fossem frutas numa grande feira, frutas invisíveis, que já estão lá, mas não ao seu alcance. Quando você vibra na frequência das bananas, enxergará as bananas e poderá pegá-las; se vibrar na frequência de abacaxis, só verá abacaxis, e assim por diante.

Quando duas energias de ondas iguais se chocam – ou se encontram – cria-se o que é chamado de interferência construtiva, o que significa, segundo a Mecânica Quântica, que é possível criar a partir daí qualquer realidade material.

Este princípio está interligado com o Princípio de Ação e Reação de Isaac Newton: "A cada ação existe uma reação de mesma intensidade no sentido contrário." Isto significa que aquilo que você emite é exatamente o que vai receber, em igual intensidade. Assim, se você jogar uma bola com velocidade contra uma parede, ela vai voltar na mesma velocidade para você. Da mesma forma que devemos saber com que velocidade devemos jogar a bola para não nos machucarmos com ela, devemos saber o que estamos "jogando para o universo", para não recebermos de volta coisas que não queremos. Daí o ditado: "Faça aos outros somente aquilo que gostaria que lhe fizessem."

Se você não gosta de ser maltratado, xingado, enganado, não fará isto com o "próximo", para que não colha as consequências através da Lei de Ação e Reação. Se emitir amor, gratidão, bênçãos, receberá o mesmo. Mas se emitir ódio, ingratidão e ofensas, a lei não irá mudar e é exatamente isso que receberá.

Com esta breve explicação sobre como funcionam algumas leis do universo, agora posso continuar e lhe explicar sobre Gratidão e Prosperidade.

Você é o criador de sua realidade

A maioria das pessoas sente-se vítima do próprio destino e tende a culpar a maré de sorte ou a onda de azar por tudo o que ocorre ou que não ocorre em suas vidas. Todavia, você é o construtor de sua realidade, o comandante de seu navio.

Tudo começa no pensamento. As coisas só se materializam no mundo exterior após terem existido na cabeça de alguém. Tudo o que foi construído à sua volta, antes de ir para a linha de produção de uma fábrica, existiu na cabeça de alguém. E tudo o que você constrói na sua vida, incluindo as emoções que é capaz de sentir, vieram antes de seus pensamentos.

Funciona assim: pensamentos geram sentimentos e de acordo com a forma como você está se sentindo isso vai fazer com que aja de uma maneira ou de outra, ou seja, sentimentos viram ações. Acontece que as ações repetidas muitas vezes transformam-se em hábitos. Por sua vez, os hábitos definem quem você é, o seu caráter. E finalmente o seu caráter vai definir o seu destino. Isso significa, em última instância, que se você não estiver contente com a forma como sua vida se apresenta hoje, ou seja, com o seu destino, precisa mudar os pensamentos.

Você não é refém de suas emoções; você pode controlá-las. Sim, é isso mesmo e essa mudança pode acontecer em poucos minutos, muitas vezes simplesmente alterando seu ritmo respiratório. Quantas vezes você se acalmou apenas respirando profundamente?

Então funciona assim: pensamento ➡ sentimento ➡ ação ➡ hábito ➡ caráter ➡ destino.

Existe um poder enorme, que pode ser positivo ou negativo, no modo como você se sente. Sentir-se bem não só é bom como também é fundamental para conquista a vida que tanto almeja, e você pode controlar o modo como se sente a partir do controle de seus pensamentos. Se você focar sua atenção deliberadamente em pensamentos que o ajudem a sentir-se bem, aprendendo a encontrar motivos para sentir-se assim, e treinar-se para que isso ocorra com frequência ao longo do dia, todos os dias, conseguirá transformar esta prática num hábito, e sua vida vai mudar em pouco tempo.

Há várias maneiras de sentir-se bem. Você só precisa descobrir quais são as suas e decidir fazer isso AGORA. A grande pergunta é: você quer ser feliz agora ou vai ficar esperando tudo se resolver na sua vida para sentir-se realmente bem? A maioria das pessoas condiciona a felicidade a acontecimentos no mundo externo. Essas pessoas tendem a achar que as condições devem melhorar para que elas se sintam bem, quando na verdade o que realmente funciona é fazer um exercício consciente de encontrar coisas que as façam sentir-se bem para que as condições comecem a melhorar. Não existe final feliz se a jornada for infeliz. Ou você aprende a ser feliz AGORA, com a vida que tem nesse momento, aprendendo a agradecer por tudo, ou NADA vai mudar em sua vida.

Isto não quer dizer que estou sugerindo conformar-se com o que você tem hoje, ou alegrar-se com os seus problemas. Estou ajudando você a enxergar que se você olha e agradece pelas coisas boas que recebeu da vida, mostrando gratidão e colocando seu FOCO de atenção em cada uma delas, as portas vão se abrir para que outras coisas boas ocorram também. Você não deve e não precisa se alegrar pelos problemas, mas pode e aconselho que aprenda a agradecer pelas oportunidades de aprendizagem que os problemas estão trazendo. Quando você insiste na carência, a abundância não pode vir até você. Isto desafia todas as leis de funcionamento do universo. Você deve focar sua atenção no que quer para entrar na sintonia certa e começar a enxergar as oportunidades que já estão à sua volta.

Quando você foca sua atenção naquilo que deseja e fala do que quer, você se põe na direção do seu desejo, então, começa a acontecer uma série de eventos, situações e circunstâncias que favorecem a realização desses desejos até que todos eles se manifestem. Entenda bem. Não estou dizendo que você pode ficar deitado na rede, pensando positivo, e que as coisas serão atraídas magicamente para sua vida.

Você vai precisar agir na direção da realização de suas metas e desejos. Agora se você estiver na frequência correta, enxergará as oportunidades, que já estavam à sua volta, mas que sua mente não estava permitindo que você enxergasse. O objeto de seu desejo, ou seja, as coisas que você quer conquistar, e o seu pensamento no objeto, se encontram no mesmo lugar da mente. Então, quando você acessa esta área da mente, trabalha deliberadamente para trazer para o real o que estava no plano de desejo até então. Quando você se sente bem, aquilo que você cria em seu campo mental se manifesta no mundo material, sem dificuldades porque não há resistência, não há bloqueios ou barreiras. Todas as crenças limitantes ou sabotadores que poderiam atrapalhar estão sob controle e você simplesmente age na direção certa e as coisas acontecem. Magia? Não. Apenas a energia sendo colocada em movimento e direcionada para a realização de seus desejos.

Então a fórmula é simples: para conseguir tudo o que quer, você precisa sentir-se bem. É assim que você entra na frequência correta, e com esta vibração elevada descobre o caminho para transformar em realidade tudo o que deseja. Quando você passa a controlar a vibração que emite, começa a ver resultados na área financeira, nos relacionamentos, na saúde e em todas as áreas da sua vida.

E a ferramenta mais poderosa que existe à sua disposição para sentir-se bem, feliz e realizado, vibrando na frequência correta e atraindo prosperidade financeira é a gratidão. É por isso que ela será a sua maior aliada para ajudar o seu coachee a conquistar a abundância financeira.

Então você aprenderá como potencializá-la em sua vida.

O significado da Gratidão

Você não precisa conseguir tudo o que quer para se sentir bem, agora mesmo, e ficar feliz. Aliás, você já deve ter ouvido histórias de executivos bem-sucedidos que vivem numa bela casa, possuem saúde, uma linda família, o carro do ano, se vestem muito bem, comem o que desejam nos restaurantes mais caros e requintados, e dão cabo da própria vida.

E também já se deparou com pessoas que enfrentam graves doenças com o sorriso nos lábios, que ficam desempregados, mas acreditam que Deus não fecha uma porta sem abrir uma janela, que perdem um ente querido e nem por isso abalam a fé, que moram em casebres, não têm automóvel, vestem-se com ajuda de doações, comem o que aparece, vivem longe da família, têm poucos amigos, não encontraram o amor de sua vida, mas são felizes.

A conclusão mais óbvia é que não se trata do que está acontecendo no exterior e sim dentro de você. A grande questão não é o que acontece e sim a sua reação ao que acontece.

A palavra gratidão vem do latim *gratia* que significa literalmente graça, ou *gratus* que se traduz como agradável. Desta forma, gratidão quer dizer o reconhecimento agradável por tudo quanto se recebe ou lhe é concedido. E não estamos falando apenas de coisas materiais ou de acontecimentos agradáveis com os quais você é brindado ao longo da vida, até porque Carl Jung nos ensina que a finalidade da vida não é a aquisição da felicidade, mas a busca de sentido, de significado. No conceito junguiano, o sentido existencial, o seu significado transpessoal, é mais importante do que as sensações que decorrem do ter e do prazer, porque quando você conecta com as coisas realmente importantes, é capaz de gerar emoções muito mais duradouras e sentir-se profundamente grato pelo que realmente faz diferença em sua trajetória de vida.

A gratidão é capaz de proporcionar harmonia interna, libertação de conflitos e saúde emocional. Entenda que ao falar de gratidão não estou me referindo simplesmente a um sentimento sublime de querer retribuir de alguma forma as bênçãos que se ganhou da vida ou de alguém. Compreender a gratidão apenas como um desejo de retribuição é limitar muito o seu significado. A verdadeira gratidão apresenta-se de maneira muito sutil e mais profunda, que vai além da compensação pelo que se recebe e se vivencia.

Quando alguém consegue ser grato mesmo por experiências de insucessos ou por problemas, que podem ser encarados como oportunidades que ensinam a agir com responsabilidade e retidão, aí sim a gratidão assume seu pleno significado.

Durante a vida você enfrentará obstáculos rumo à realização de seus sonhos, sentirá dor e solidão, adoecerá, por mais que se esforce para fazer tudo certinho e levar uma vida regrada, pois coisas ruins também acontecem para pessoas boas, e ainda assim será capaz de permanecer grato. Não estou dizendo aqui que deve ficar feliz pela dose de sofrimento que a vida lhe reserva, mas sim que é possível uma aceitação consciente e natural do fenômeno dor, que faz parte do curso da vida. Quem não tropeça jamais avança, porque todo caminho apresenta dificuldades que só aparecem para quem se encontra de pé, seguindo adiante. Um homem com 50 problemas está duas vezes mais vivo que um homem com 25. Se você não está enfrentando problemas, deve se ajoelhar e perguntar: Deus, o Senhor não confia mais em mim?

Insucessos de um momento, se bem administrados, transformam-se em lições de profunda sabedoria. Se você pensar bem, tudo o que acontece em sua vida, mesmo produzindo sensações desagradáveis ou emoções indesejáveis, faz parte das experiências que lhe permitem amadurecer, desde que compreenda o que pode aprender com aquela experiência, expressando gratidão pelo que houve.

Mas normalmente não é isso o que ocorre; o sofrimento extingue a gratidão e o indivíduo foge para a lamentação deplorável, para a vitimização ou para toda a série de justificativas que encontra para as suas falhas; compara-se com as demais pessoas que lhe parecem felizes e livres de problemas e sente-se perseguido pelo universo. No entanto, sem as experiências dolorosas, ninguém pode avaliar aquelas que são enriquecedoras e benignas por falta de parâmetros de avaliação. Então o grande desafio é ser capaz de nesses momentos mais difíceis libertar-se da raiva, da mágoa, evitando a ingratidão por todas as dádivas que já recebeu e pelos momentos felizes anteriormente experimentados, continuando a amar a vida mesmo nas noites sombrias.

No caminho das pessoas que não conseguem atribuir significado à própria existência surge muito espaço para a inquietação e a desconfiança, a autoestima rebaixada e o ressentimento, bem como o aparecimento de transtornos e desequilíbrios emocionais. Quem somente espera receber presentes da vida e ser sempre bem tratado por todas as pessoas ainda não amadureceu, desconhecendo que alegrias e tristezas, alívio e sofrimento, amor e solidão, amizade e traição, tudo isso faz parte igualmente do esquema existencial.

Faz parte do caminho da maturidade aprender a aceitar as pessoas com quem nos relacionamos. Não podemos e nem temos o direito de mudar o outro, mas podemos melhorar nossas próprias reações e atitudes, sabendo que cada um dá o que tem e o que pode. Devemos fazer a nossa parte com muito amor e respeito ao próximo. Cada qual conforme sua natureza, e não conforme a do outro. Os momentos em que somos provocados e testados são os que mais precisamos de gratidão, pois ela restaura nosso núcleo interior, lembra-nos dos aspectos positivos da vida e permite-nos reunir paz e forças, esperança e ânimo para continuar.

A gratidão deve transformar-se em hábito natural no comportamento maduro de todos os seres humanos. Aquele que é grato, que sabe reconhecer os seus limites frente à grandeza da vida, experimenta uma profunda sensação de plenitude e felicidade.

E agora você vai entender melhor as leis que regem a gratidão para assim poder usufruir de todos os seus benefícios.

Leis que regem a Gratidão

O que vou lhe apresentar aqui será bastante útil não só para você compreender as leis que regem o funcionamento da gratidão, mas também como argumento para que você demonstre ao seu coachee que a gratidão realmente é capaz de provocar resultados espetaculares na vida dele.

A primeira lei ou verdade acerca da gratidão é que você não precisa acreditar para que ela funcione. Basta colocar em prática, realizar os exercícios e acreditando ou não que dará resultados, eles aparecerão, porque não é uma questão de fé.

É como a lei da gravidade: experimente soltar um objeto no ar dizendo: "Eu não acredito nessa invenção de Isaac Newton de que se eu soltar um objeto no ar ele tende a ser atraído para o solo; eu aposto que vai flutuar." Independentemente da sua aposta, o objeto vai cair.

O mesmo ocorre com a gratidão. Pratique regularmente e com método e os resultados aparecerão.

Paul J. Mills, professor de medicina da Universidade da Califórnia, fez uma pesquisa durante dois meses com 186 homens e mulheres que apresentavam insuficiência cardíaca, fazendo com que realizassem exercícios de gratidão, independentemente de acreditarem ou não em sua validade. O resultado após os dois meses da prática da gratidão foi a redução nos níveis de vários biomarcadores inflamatórios. Mills constatou com sua pesquisa que quem agradece:

- Têm melhor humor;
- Dormem melhor;
- São mais eficazes na resolução de problemas;
- Têm menos probabilidades de desenvolver inflamações.

A segunda lei ou verdade sobre a gratidão diz que quanto mais você pede, mais o oposto acontece. Você já ouviu a frase: "Quanto mais eu rezo, mais assombração me aparece"? Pois ela é a pura verdade. Isto não quer dizer que a oração não tem poder. Claro que tem! Orar nada mais é que pensamento muito forte e eu já expliquei aqui nesse livro o poder do pensamento associado à emoção.

Acontece que rezamos ou pedimos da maneira errada. Émile Coué, terapeuta da autossugestão, descobriu que quando os seus desejos e a sua imaginação estão em conflito, a sua imaginação ganha a batalha. Imagine que você deseja muito conseguir aquela promoção em sua empresa. Você acha que está preparado e que merece ser promovido. Este é o seu desejo. Mas não consegue desligar uma vozinha interior que diz: "Que promoção, que nada. Esse chefe jamais lhe daria essa oportunidade." Você chega até a ver a cena de seu chefe comunicando que aquela outra fulaninha levou a vaga. Essa é sua imaginação. E infelizmente ela vencerá a batalha. Ou seja, sem perceber você está trabalhando contra você.

A Bíblia nos diz: "Pedi e recebereis; buscai e achareis; batei e abrir-se-vos-á. Pois todo aquele que pede, recebe; quem procura, acha; e a quem bate, a porta será aberta. " (Mateus 7:7). No entanto é necessário pedir com o tom de agradecimento e não de súplica. Utilize corretamente a gratidão em suas orações e pedidos ao universo e você verá eles se materializarem. Continue lamentando e suplicando e sua vida só vai andar de marcha à ré.

A terceira lei ou verdade sobre a gratidão se refere à relação 90x10 ensinada por Stephen Covey, que nos diz o seguinte: 10% do que acontece em nossa vida não controlamos, como por exemplo, se amanhã vai chover ou fazer sol; no entanto, os 90% que vêm depois, ou seja, a nossa reação a esses 10% é controlada por nós e isso define o nosso destino, a nossa vida.

Se você é grato a todas as coisas boas que acontecem ao seu redor, em seu dia a dia, vai vibrar na frequência dessas coisas e mais acontecimentos semelhantes atrairá. No entanto, se você vive focado nos problemas e adversidades e só faz reclamar, a vida ficará cada vez mais complicada.

Mesmo frente às adversidades é possível retirar uma aprendizagem e oportunidades de crescimento. Você não pode controlar todas as variáveis que ocorrem ao seu redor, mas pode e deve escolher como reagirá a elas e isso representa 90% da sua vida.

Bem, o nosso próximo passo é simples: uma vez que a gratidão é tão poderosa e traz resultados igualmente expressivos, a hora de começar a praticar é agora.

Então continue aqui comigo.

O poder do aqui e agora

Quero começar esse assunto dizendo que nós não devemos olhar para trás porque não é nesta direção que nós caminhamos. Para frente é que se anda. Até quando a vida ou alguém lhe dá um "pé na bunda", o impulso o empurra para frente, e não para trás. A cada manhã, nós nascemos de novo, uma nova oportunidade nos é oferecida. Portanto, o que fazemos hoje, no momento presente, é o que mais importa. Independentemente do que aconteceu em seu passado, hoje é um novo dia e você tem o poder de definir os rumos de seu futuro exatamente AQUI e AGORA.

Um dos maiores segredos da saúde mental, corporal e do equilíbrio emocional é não se lamentar ou ficar preso ao passado, não sofrer de ataques de ansiedade e de preocupação em relação ao futuro, mas viver de maneira sábia o presente. É no momento presente que se encontra a chave para a cura de todos os males físicos ou emocionais. Depressão é consequência de excesso de passado, assim como ansiedade é excesso de futuro. Preocupação significa pré-ocupar sua mente com coisas que, na maioria das vezes, nem vão acontecer.

Segundo Augusto Cury, médico, psiquiatra, psicoterapeuta e um dos autores mais lidos no Brasil, mais de 90% de nossas preocupações sobre o futuro não se materializarão e os outros 10% ocorrerão de maneira diferente da que desenhamos.

Se viver o presente, você consegue usufruir da paz de que necessita para viver bem. Pensando no ontem, você perde tempo porque está enxergando a vida pelo espelho retrovisor; e com o foco no amanhã, você perde de aproveitar o hoje.

Aqui vai uma frase que você já deve ter lido e concordado milhares de vezes: "O passado já se foi, o futuro é uma incógnita e hoje é uma dádiva, por isso se chama PRESENTE." Agora cabe a você levar esta frase a sério e entender que o AQUI e o AGORA é tudo que você tem, então, é o momento e o local mais importante da sua vida. Quando você entender isso, tudo vai mudar.

No ano inteiro, só existem dois dias em que não podemos fazer nada: o ontem e o amanhã. O ontem só existe em suas memórias e ficar preso a elas é recusar-se a evoluir. O amanhã também só existe em sua imaginação, porque quando ele chega, já é hoje. A vida só está disponível no presente, portanto, não pode ser economizada para o futuro. O dia de hoje é único, jamais haverá outro igual, e nem se repetirá, por isso não pode ser desperdiçado.

Sempre me impressionou a ilusão de eternidade que a maioria de nós alimenta. Sim, eu sei que você sabe que um dia vai morrer, que o contrato com "o cara lá do alto" tem dia e hora para acabar, mas a questão é: sabe mesmo, ou acha que isso é uma data hipotética num futuro tão, tão distante que não há com o que se preocupar? Realmente não há com o que se preocupar, mas isso não significa que deve levar a vida como se fosse viver para sempre, adiando para depois as coisas que poderia e deveria fazer hoje, inclusive por serem realmente importantes. Imagine que por bênção ou maldição, não sei, você pudesse saber exatamente quando e onde vai morrer, e imagine que você descobrisse que tem apenas mais sete dias de vida, não prorrogáveis. Você continuaria fazendo tudo exatamente da forma como faz hoje? Se a resposta é não, o que faria diferente? Difícil imaginar isso, não é mesmo?

Bom, a verdade é que não viveremos para sempre e não saberemos que já estamos em nossos últimos sete dias. Então, a hora de ter coerência entre o que o seu coração grita e as escolhas que têm feito é AGORA! É no AQUI e AGORA que você deve sentir-se bem. A única coisa que realmente importa é o modo como você se sente agora, independentemente de quem você é, das coisas que valoriza, do que acha que merece ou não receber da vida, do seu passado ou do seu futuro. Você veio ao mundo para vivenciar uma experiência de alegria e crescimento, e só vai conseguir isso se aprender a viver em plenitude o seu momento presente.

Pare de achar que já recebeu o suficiente da vida e que desejar mais é egocentrismo ou egoísmo seu, afinal, existem pessoas numa situação muito pior. O universo é abundante e não escasso. Receber bênçãos da vida não privará outras pessoas de também terem essas mesmas bênçãos. Não existe um Deus que diz: "Calma, calma, já atendi alguns de seus desejos. Agora vá para o final da fila e espere sua vez chegar novamente." Ao atrair saúde, prosperidade e sucesso para sua vida você não os está tirando de ninguém. A vida pode e deve ser boa para você. Não deixe que suas crenças limitantes ou seus sabotadores o impeçam de levar a vida que você prometeu a si mesmo que viveria lá na infância, quando todos os sonhos pareciam possíveis, e que só não viraram realidade até agora porque você parou de acreditar que seria possível. E quando perdeu a fé, parou de agir.

Quando você concentra sua atenção no momento presente e aprende a valorizar cada pequeno prazer daquela experiência mágica que está vivendo, sente uma profunda alegria e satisfação, e a vida lhe dá mais do mesmo. A sua capacidade de ver os aspectos positivos de qualquer coisa que você esteja desejando realizar se expande, você identifica novas oportunidades e seus sonhos transformam-se em realidade, o que traz ainda mais alegria. Nós nascemos para sermos felizes, vivendo sintonizados com o amor e com a harmonia. É evidente que haverá momentos de tristeza, porque a dualidade faz parte da vida, mas se você aprende a se conectar com a gratidão, passará por esses momentos aproveitando o máximo de lições que puder e seguirá adiante. Quando você está alegre, grato, amando, apreciando ou elogiando, você está em harmonia com a Fonte.

E como Coach da Gratidão você terá a oportunidade de ensinar a muitas pessoas essas lições que mudarão radicalmente suas vidas para muito melhor.

E agora você está pronto para aprender como gerar abundância financeira a partir da metodologia da gratidão. Venha comigo para o próximo capítulo.

Como tarefa de casa, você tem uma ferramenta para preencher que ajudará a identificar o quanto você está colocando gratidão em cada uma das áreas de sua vida:

Roda da gratidão pela vida (ANEXO 9).

TAREFA COMPLEMENTAR ❷

Além disso, para sedimentar os conhecimentos sobre a forma como a gratidão funciona e sua correlação com a Lei da Atração você irá assistir ao filme *O Segredo*.

O segredo existiu por toda a humanidade, com alguns dos principais líderes de sua época tendo conhecimento sobre ele. Fragmentos do segredo foram encontrados em tradições orais, na literatura, nas religiões e filosofias ao longo dos séculos. Alguns dos maiores professores da atualidade são reunidos para apresentar o segredo na íntegra.

Depois de realizas estas tarefas você estará pronto para seguir comigo para a terceira parte deste livro onde vamos aprender a substituir o paradigma da escassez pela abundância financeira.

TERCEIRA PARTE

Substituindo o paradigma da escassez pela abundância financeira

" *Prosperidade é um modo de viver e pensar, e não apenas dinheiro ou coisas. Pobreza é um modo de viver e pensar, e não somente a falta de dinheiro ou coisas."*

Eric Butterworth

CAPÍTULO 7

O mindset milionário

Agora nós vamos aprender a importância do mindset financeiro correto para atrair prosperidade para a sua vida.

Mindset está relacionado com "a mentalidade que cada um de nós possui sobre uma determinada área". Em outras palavras, mindset é a sua atitude mental. Acontece que o seu comportamento é condicionado pelo seu mindset. Por sua vez, suas ações determinarão seus resultados.

Assim é fácil concluir que o seu mindset financeiro é o que determinará se você alcançará a riqueza. Se você souber quais são os segredos da mente milionária e passar a ter um mindset milionário, como consequência terá abundância financeira em sua vida.

Grande parte das pessoas infortunadas não estão nessa situação por dificuldades de aplicar o que ganham ou administrar os bens, e sim pela forma que enxergam o dinheiro.

Há pessoas que ganham 20 mil reais por mês e não conseguem nem economizar mil reais, aliás, ainda ficam com o saldo negativo. Como também há quem ganhe mil reais e consegue poupar, pelo menos, 100 reais e mais alguns trocados.

O que mais escuto as pessoas dizerem é: "Trabalho demais e meu dinheiro some. E agora?"

Uma vez, em uma das palestras que ministrei sobre esse tema, um senhor comentou que trabalhava diariamente 15 horas por dia há mais de 10 anos. E que mesmo assim, dando um duro danado, ele continuava na miséria. E é óbvio que tinha algo errado na situação dele. Talvez gastasse demais, ou quem sabe, era mal remunerado, o que é um problema ainda pior.

A verdade é que não só os aspectos financeiros, mas toda a sua vida, vai girar em torno do que você acredita. No seu lado direito e esquerdo, atrás e na sua frente, e em todas as direções existem dois tipos de energia: uma boa e uma ruim. Há situações positivas e negativas todos os dias. Você pode até não estar enxergando nesse momento, mas elas estão ali.

E se a sua mentalidade sobre o dinheiro for ruim?

O seu cérebro é programado para fazer algumas funções de forma automática para que você não perca tempo e nem energia em função de algo desnecessário. Já pensou se todos os dias você tivesse que se preocupar com as funções orgânicas do seu corpo? Por exemplo: "agora preciso ir ao banheiro, não posso esquecer", ou "vou anotar na agenda que não posso deixar de tomar banho". Claro que são coisas importantes, só que são feitas através do instinto, nós já sabemos disso, pois fomos ensinados e o cérebro já programou essa função.

Quando o assunto é o dinheiro, você pensa em uma dessas frases?

- Se eu nasci pobre, jamais serei rico.
- Nesse país, ninguém fica rico honestamente.
- O dinheiro é algo sujo.
- Só tem muito dinheiro quem rouba.

Se um desses mantras faz parte da sua vida, lamento, mas realmente a riqueza não está nos seus planos de vida. Você conhece a história do polêmico presidente dos Estados Unidos, Donald Trump? Ele é simplesmente bilionário, e apesar de ostentar sua riqueza nos dias de hoje, já foi à falência não menos do que quatro vezes. No entanto, por ter uma mentalidade próspera, conseguiu se reerguer todas as vezes e ficar sempre mais rico.

"Uma vez com a mentalidade de rico, mesmo perdendo tudo, o seu destino sempre será conquistar riqueza. Do contrário, se sua mentalidade for voltada ao fracasso, mesmo ganhando muito, continuará pobre para sempre", disse Trump uma vez.

Uma pessoa com um mindset positivo e vencedor foca sua energia nas oportunidades que estão à sua volta. Ela sabe dos problemas que possui com relação ao dinheiro, mas ao invés de reclamar, volta toda a energia para estratégias e soluções.

Para você conquistar a vida financeira que deseja, é preciso mudar a forma como você enxerga o dinheiro que ganha. Pense como uma pessoa próspera.

A maioria das pessoas pensa da seguinte forma: "Quando eu ganhar mais, vou mudar minha forma de administrar meu dinheiro." Elas consideram que não ganham o suficiente, e que quando receberem um salário maior administrarão o dinheiro com mais inteligência. Lamento informar, mas isso nunca vai acontecer se este pensamento não for mudado.

Se você tiver 10 reais, economize 2. Se ganhar mil, guarde, pelo menos, 200. Comece a valorizar o que recebe. O dinheiro age como uma pessoa, exatamente de acordo com a energia que você dedica a ele. Pare de desmerecer o potencial do seu dinheiro.

Lembre-se: nada muda se você não mudar. Foi agindo como sempre agiu que você chegou à vida que tem hoje. Se não está completamente satisfeito com o que construiu, precisará mudar o padrão mental e de comportamento a começar AGORA.

Veja bem: você só estará pronto para auxiliar os seus coachees se estiver trabalhando também suas crenças limitantes e sabotadores.

Você não precisa estar pronto. Não se cobre perfeição. Você não precisa já ser milionário para ajudar os outros a enriquecer.

Mas precisa estar no caminho, aprendendo cada dia mais, e enquanto ensina, vai dar saltos cada vez maiores em sua própria vida.

Então venha comigo, pois nós vamos investigar qual é o seu modelo de dinheiro.

Descubra qual é o seu Modelo de Dinheiro

E aí, preparado para investigar como é a sua relação com o dinheiro?

Minha sugestão é que você mergulhe fundo nessas questões, vasculhando cada cantinho da sua mente, porque quanto mais você progredir em seu processo de autoconhecimento, mais irá prosperar e mais preparado estará para auxiliar os seus coachees.

É importante que você entenda que se o MODELO FINANCEIRO que existe no seu subconsciente não estiver programado para o sucesso, nada que você aprenda, saiba ou faça terá grande importância.

Existem três raízes que podem habitar o seu subconsciente quando o assunto é dinheiro:

- Sucesso
- Mediocridade
- Fracasso financeiro

Se a raiz da sua vida financeira é o sucesso, tudo o que você tocar vai virar ouro; se é a mediocridade, prepare-se para ter uma vida mediana, sem grandes expectativas; mas, meu amigo, se sua raiz é de fracasso financeiro, trate de mudar suas programações financeiras ou passará a vida toda dando um passo para frente e dois para trás por mais que se esforce e trabalhe.

E como essas raízes se formam? A partir das influências que recebemos na infância e que moldam o modelo financeiro e podem conduzir a pensamentos e hábitos autodestrutivos.

Isto quer dizer que o modelo de dinheiro se constitui da informação ou programação que a pessoa recebeu no passado, sobretudo na infância.

Funciona assim: Pensamentos provocam Sentimentos que levam a Ações que definem Resultados (P $\Rightarrow$ S $\Rightarrow$ A $\Rightarrow$ R).

Toda criança é ensinada a pensar e agir de uma certa maneira no que diz respeito às finanças. Esses ensinamentos se transformam em condicionamentos, que são todas as respostas automáticas que nos conduzem ao longo da vida a menos que sejamos capazes de intervir e rever os arquivos de dinheiro que temos na cabeça.

Isto significa que mudando a programação você dá o primeiro passo para modificar os seus resultados.

Assim teremos a seguinte equação:

Programação ⇒ Pensamentos ⇒
Sentimentos ⇒ Ações ⇒ Resultados.

E como ocorre esse CONDICIONAMENTO? A partir de três influências:

- Programação Verbal
- Exemplos
- Episódios específicos

Vamos entender primeiro a **PROGRAMAÇÃO VERBAL**.

Na sua infância que frases você ouvia sobre o dinheiro, riqueza e pessoas ricas? Se as frases eram positivas, fique tranquilo. Se não eram, você precisa trabalhar para modificar sua programação verbal.

E por que essas frases são tão perigosas? Já vimos aqui no livro anteriormente que quando o subconsciente tem que optar entre a lógica e as emoções profundamente enraizadas, as emoções quase sempre vencem.

A segunda influência que condiciona sua relação com o dinheiro são os **EXEMPLOS**.

Quando crianças aprendemos quase tudo a partir dos exemplos que nos dão. E depois de adultos, mesmo com conhecimento e qualificação, se o seu modelo não estiver programado para o sucesso, você estará condenado financeiramente.

Percebemos isso quando vemos um adulto esclarecido intelectualmente sofrendo as consequências da Lei da Intenção. Vejo pessoas poupando para os dias difíceis. A origem dessa atitude vem de exemplos dados na infância baseados na raiz do fracasso financeiro. E a Lei da Intenção diz: pedi e recebereis. Quem poupa para os dias difíceis, terá dias difíceis. Concentre-se em guardar para os DIAS FELIZES ou para conquistar a INDEPENDÊNCIA FINANCEIRA.

A sua razão ou motivação para enriquecer é crucial. Se ela possui uma raiz negativa como o medo, a raiva ou a necessidade de provar algo a si mesmo, o dinheiro nunca lhe trará felicidade.

Estabeleça novas associações para prosperar financeiramente por meio do propósito, da contribuição e da alegria. Assim nunca terá que se livrar do dinheiro para ser feliz.

Reconheça como seu modo de ser se relaciona com um dos seus pais ou com ambos em matéria de dinheiro.

A terceira influência que condiciona sua relação com o dinheiro são os **EPISÓDIOS ESPECÍFICOS**.

O que afetou você pontualmente? As estatísticas mostram que a causa mais frequente dos divórcios é o dinheiro. E o principal motivo das brigas não é o dinheiro em si, mas o conflito entre modelos de dinheiro.

É importante refletir sobre episódios específicos que possam ter ocorrido em sua infância e adolescência e que determinaram a maneira como você se relaciona com o dinheiro até hoje.

Agora fique tranquilo: tudo isso pode e será modificado desde que você assuma as rédeas da sua vida nas mãos.

Então agora você vai saber quais são os quatro elementos para REPROGRAMAÇÃO do MODELO DE DINHEIRO:

1. Conscientização: você só modifica o que conhece.
2. Entendimento: entenda que seu modo de pensar vem de fora.

3. Dissociação: ao constatar que esse modo de pensar não é seu, você pode escolher mantê-lo ou largá-lo.
4. Recondicionamento: implantando uma nova verdade.

Ao longo deste livro você terá oportunidade de aprender os exercícios para reprogramação do seu modelo de dinheiro. Estes exercícios serão aplicados por você em seus coachees durante o processo de coaching, mas evidentemente é fundamental que você aplique em si mesmo, para que seja o primeiro beneficiado com esta aprendizagem e para estar mais preparado para ajudar os seus coachees.

A seguir nós veremos quais são as crenças limitantes e sabotadores mais comuns que impedem as pessoas de prosperarem financeiramente.

Identifique crenças limitantes e sabotadores que o impedem de prosperar financeiramente

Vamos começar a falar deste tema entendendo o que são crenças limitantes e pensamentos sabotadores.

Crenças são todas as ideias que você viu, ouviu ou concluiu e acabaram se tornando uma verdade absoluta para você. Tudo o que os indivíduos fazem, a forma como pensam, sentem e agem, é resultado de suas crenças, que foram sendo formadas ao longo de sua vida.

É importante diferenciar o que é crença e o que é fato.

Fatos são descrições da realidade; crenças são descrições da nossa percepção da realidade. Vou dar um exemplo.

Se eu digo: "Estou molhado porque tomei chuva", isso é um fato, porque realmente pessoas que tomam chuva ficam molhadas. Agora se eu afirmo "Estou sozinho porque ninguém me ama", aí estamos olhando para uma crença, porque existe uma generalização que pode não ser real. Será mesmo que ninguém na face da Terra ama você? E realmente você está sozinho porque os outros se recusam a amar você ou será que você tem afastado os outros com o seu comportamento?

Você percebe a diferença?

Quando nascemos, somos como folhas em branco. Os sentimentos dos pais durante a gestação, as experiências de vida, a educação recebida, o sistema familiar, os ensinamentos transmitidos pelos pais e professores, as interpretações individuais e a convivência com os amigos vão preenchendo essas folhas com crenças fortalecedoras ou crenças limitantes. Todos os estímulos recebidos na primeira infância ficam registrados nessa folha, que se torna uma lente com a qual o indivíduo enxerga o mundo.

Crenças fortalecedoras o impulsionam para frente. Exemplo: "Eu acredito que tenho facilidade para falar em público." Se você tem essa crença, sempre que precisar falar em público vai se sentir muito seguro e seus resultados serão bastante bons.

Agora se você diz: "Eu acredito que sou uma pessoa tímida e não sei me expressar em grandes públicos", prepare-se porque você vai passar por muitas situações difíceis quando tiver um desafio desse tipo.

E o mais incrível é que a diferença entre o primeiro caso, onde a pessoa dizia que tinha facilidade para falar em público, e o segundo caso, onde ele afirmava ter dificuldade, não é externa e sim interna.

Uma crença leva ao sucesso enquanto a outra conduz ao fracasso.

Pois bem. Acontece que as crenças são como ímãs: você crê em uma verdade e ela se torna real. Se você crê que a vida é difícil, ela se torna difícil. Isso acontece porque você está conectado com essa verdade e a vida lhe trará situações que sejam compatíveis com esta vibração. Nós precisamos nos conectar com aquilo que realmente queremos para nossas vidas.

Vivo repetindo para meus alunos: a vida dá mais do mesmo. Você escolhe que crenças fortalece ou enfraquece e isso é feito através dos pensamentos que você alimenta. Então é necessário escolher os pensamentos certos.

E os pensamentos sabotadores, o que são?

Eles são conhecidos também como diálogos internos negativos. É aquela vozinha que fica dentro da nossa cabeça dizendo coisas do tipo:

- Isso não vai dar certo.
- Por mais que eu me esforce nunca consigo me dar bem.
- As melhores oportunidades sempre aparecem primeiro para os outros.
- Por mais que eu me esforce a minha vida não engrena.

Frases desse tipo reforçam suas crenças limitantes e levam sua vida cada vez para mais o fundo de um buraco de fracasso e infelicidade.

O grande problema das crenças limitantes é que elas são instaladas em nossa mente de uma forma inconsciente. Ao longo da vida, não questionamos o que nos foi imposto e não nos damos conta do impacto negativo dessas situações.

Alguém que sempre ouviu dos pais que na vida só quem é rico consegue prosperar, e que quem nasce pobre, morrerá pobre, trará essa visão de mundo gravada em sua personalidade. Sendo assim, mesmo que tente mudar de vida, essa crença limitante irá sabotá-lo, fazendo com que sempre fracasse e alimente ainda mais esse pensamento.

Veja agora 60 exemplos de crenças limitantes e pensamentos sabotadores relacionados à prosperidade financeira e identifique quais deles ressoam dentro de você prejudicando a sua vida:

1. Nunca vou conseguir dinheiro suficiente.
2. Não tenho dinheiro para nada.
3. Só é possível ganhar dinheiro fazendo coisas erradas.
4. Eu não mereço sucesso ou coisas boas.
5. É melhor dar do que receber.
6. Sem trabalho duro não se consegue nada.

7. Estou destinado a essa vida e a ser desse jeito porque essa é a situação da minha família e, por isso, é a minha.
8. O mundo está em crise, e por isso tudo está muito difícil para mim.
9. Não é possível viver do que se ama.
10. Dinheiro não traz felicidade.
11. Dinheiro é sujo.
12. Os ricos são gananciosos.
13. Só enriquece quem rouba.
14. Quem nasce pobre, morre pobre.
15. O dinheiro não é importante.
16. Dinheiro não cresce em árvores.
17. Investir dinheiro é para os ricos.
18. As melhores oportunidades só aparecem para quem já tem muito dinheiro.
19. O dinheiro é a raiz de todo o mal.
20. É pecado ser rico.
21. Só se for pobre é que vou para o paraíso, pois diz-se que é mais fácil um camelo passar pelo fundo de uma agulha do que um homem rico entrar no céu.
22. Quanto mais riqueza tiver, menos há para os outros.
23. Ter muito dinheiro vai me tornar menos espiritual.
24. Ter muito dinheiro é arriscado, porque podemos ser sequestrados ou assaltados.
25. Se eu tiver dinheiro pessoas oportunistas vão querer me explorar.
26. Terei que sustentar toda a família se tiver dinheiro.
27. As pessoas vão se aproximar de mim apenas por interesse.
28. Enriquecer é uma questão de sorte.
29. Poupar para quê? Posso não estar vivo amanhã.

30. Passei necessidade na infância; agora quero tudo do bom e do melhor e não vou economizar.
31. O dinheiro sobe à cabeça das pessoas.
32. O dinheiro não é tão importante.
33. Eu já tenho tudo o que preciso para ser feliz; querer mais é sinal de ganância.
34. O que as pessoas vão dizer quando souberem que eu quero ficar rico?
35. Quem poupa é avarento.
36. Prefiro ser pobre do que adoecer.
37. Ganho pouco porque não tive as oportunidades que os outros tiveram.
38. Quem é rico teve sorte na vida e foi escolhido pelo destino.
39. Não saberia lidar com muito dinheiro.
40. Se ganhar dinheiro, serei criticado e me importo muito com críticas.
41. Para ter dinheiro teria que fazer acordos desonestos.
42. A riqueza vai me trazer alguma dor.
43. Não consigo me controlar quando tenho dinheiro no bolso.
44. Para eu ser rico, só se ganhar na loteria.
45. Não me acho merecedor para ser rico.
46. Meu pai foi pobre, eu serei pobre.
47. Meu pai sempre foi pobre, não sou melhor que ele.
48. Nasci do lado errado do muro.
49. Não posso agradar a Deus e ao dinheiro.
50. Não acho certo pedir muito dinheiro para Deus.
51. Deus não aprova a riqueza.
52. Dinheiro não vem de forma fácil.
53. Não há o suficiente para todo mundo.

54. Felicidade de pobre dura pouco. Se eu ganhar dinheiro vai durar pouco.
55. Dinheiro traz discórdia.
56. Se eu tiver dinheiro terei que emprestar e acabarei perdendo os amigos.
57. Se eu fizesse um milhão de dólares, eu poderia perdê-lo e daí me sentiria estúpido e odiaria a mim mesmo para sempre.
58. É melhor ter menos do que ser responsável pelas dificuldades dos outros.
59. Os ricos ficam cada vez mais ricos; os pobres, cada vez mais pobres.
60. Para economizar dinheiro você tem que se privar das coisas.

E aí, muitas frases soaram como verdadeiras para você? Às vezes chegamos até a dizer: "Mas isso não é uma crença Marcia Luz; isso é um fato." É a mais pura verdade! Você tem toda a razão. Uma crença repetida muitas vezes vira realidade. Mas da mesma forma que você foi capaz de criá-la, também pode eliminá-la.

Agora vamos ver como modificar isso. Um dos comandos cruciais para combater as crenças limitantes é o de ressignificar. Quando não conseguimos ressignificar as experiências ruins, as palavras negativas proferidas por pessoas que amamos e admiramos nos fazem criar bloqueios.

E a gratidão é talvez a ferramenta mais poderosa de que dispomos para ressignificar crenças limitantes e pensamentos sabotadores.

Como tarefa de casa você vai responder o Formulário de identificação de crenças limitantes e sabotadores (ANEXO 10).

TAREFA COMPLEMENTAR ❷

Também vai assistir o filme *À Procura da Felicidade*. (com Will Smith).

Este filme conta a história de Chris Gardner (Will Smith), um pai de família que enfrenta sérios problemas financeiros. Apesar de todas as tentativas em manter a família unida, Linda (Thandie Newton), sua esposa, decide partir. Chris agora é pai solteiro e precisa cuidar de Christopher (Jaden Smith), seu filho de apenas 5 anos. Ele tenta usar sua habilidade como vendedor para conseguir um emprego melhor, que lhe dê um salário mais digno. Chris consegue uma vaga de estagiário numa importante corretora de ações, mas não recebe salário pelos serviços prestados. Sua esperança é que, ao fim do programa de estágio, ele seja contratado e assim tenha um futuro promissor na empresa. Porém, seus problemas financeiros não podem esperar que isto aconteça, o que faz com que sejam despejados. Chris e Christopher passam a dormir em abrigos, estações de trem, banheiros e onde quer que consigam um refúgio à noite, mantendo a esperança de que dias melhores virão.

A história é verídica e você vai ter excelentes exemplos de como mudar o mindset financeiro mesmo no meio das maiores adversidades.

E agora venha comigo até a próxima parte deste livro para aprendermos como utilizar a gratidão para modificar o mindset financeiro.

QUARTA PARTE

Utilizando gratidão para gerar prosperidade

"*Nossos pensamentos, palavras e atitudes são os tijolos que edificam nossa prosperidade.*"

Abel Ribeiro

CAPÍTULO 8

Compreendendo como tudo acontece

Depois de 25 anos desenvolvendo mais de 300 mil pessoas e pesquisando muito, lendo muitos livros sobre o assunto, posso lhe responder categoricamente: a gratidão tem absolutamente tudo a ver com você ter ou não dinheiro e prosperidade financeira.

Sabe por quê? Simples. Porque mais importante do que saber investir seu dinheiro, ou como poupá-lo, é a consciência de como você o sente, como você o vê, com que sentimento você o toca. De nada serve ser um expert em aplicar na bolsa de valores, ou saber fazer negócios ótimos se gastar tudo ou perder todo este dinheiro, vivendo endividado e frustrado com uma situação que você criou através de pensamentos que não combinavam com sentimentos, que culminaram em ações desastrosas.

Não é raro sabermos de casos de pessoas que ganharam muito dinheiro e logo em seguida conseguiram perder tudo, voltando ao estado de miserabilidade, muitas vezes até pior do que o estágio anterior, simplesmente porque a conta bancária mudou, mas o mindset ou modelo mental continuou sendo o de pobreza e escassez.

Lembre-se: pensamento gera sentimento, que gera ação. Vamos trabalhar através da gratidão para que seu mundo de sensações em relação à prosperidade mude, e suas ações para alcançá-la sejam efetivas.

Acontece que por anos a fio fomos vítimas de um modelo mental que associou riqueza à ganância, corrupção, pecado e até sujeira. Isso gerou nas pessoas um grande conflito: preciso ter dinheiro para manter um padrão de vida minimamente decente e garantir as necessidades básicas de meus familiares, mas será que com isso não corro o risco de corromper a minha alma?

Olha, a verdade é que historicamente foi necessário para os governantes e para os líderes religiosos manter o povo conformado com a falta de recursos financeiros e a melhor forma de fazer isso era se assegurando de que a construção de riquezas não seria algo desejado. Se o dinheiro não traz felicidade então facilmente me conformo com a falta dele. Se é mais fácil um camelo passar por um buraco de uma agulha do que um rico entrar no reino dos céus então chego a ficar feliz por viver em total estado de miséria, pois isso com certeza vai me assegurar a vida eterna, certo?

Errado. A Bíblia (em Mateus 19:24 e repetida em Lucas 18:25 e Marcos 10:25) conta a história de um jovem rico que se aproximou de Jesus e perguntou-lhe como conseguir a vida eterna. Jesus respondeu que ele deveria doar tudo aos pobres, justamente para descobrir o que era mais importante ao jovem: a riqueza ou a vida eterna.

Como o jovem preferiu ficar com seus bens em vez de doar aos pobres, Jesus disse que ele não iria para o céu, que era mais fácil um camelo passar por um buraco da agulha do que um rico, com esta mentalidade (e aqui está a importância da interpretação), entrar para o reino dos céus.

Em outras palavras, é melhor fazer algo de útil com o dinheiro acumulado (neste caso, doá-lo) do que levá-lo consigo para o caixão. E com isso eu concordo totalmente. Mas não significa que o dinheiro é o problema e sim a avareza e a falta de caridade.

Anthony Robbins, um dos principais profissionais do desenvolvimento humano de todos os tempos fez um estudo criterioso sobre a mentalidade dos milionários acerca do dinheiro e descobriu que a maioria deles manifesta mais caridade e generosidade, proporcionalmente falando, do que as pessoas ditas pobres.

Pense comigo: quanto mais dinheiro você tem, mais é capaz de fazer o dinheiro circular e maior a sua possibilidade de gerar riqueza ao seu redor.

A melhor maneira de ajudar um pobre definitivamente não é tornando-se mais um deles. Se você quer mesmo mudar a situação de pobreza em que se encontram seus familiares ou amigos, primeiro precisará mudar a sua situação.

Uma pessoa que está se afogando só é capaz de ajudar outras pessoas depois que conseguir se salvar. Busque escapar do afogamento e depois você poderá voltar com uma prancha, uma boia ou um bote salva-vidas. Qualquer tentativa antes disso só garantirá que ambos vão se afogar mais rapidamente.

Agora quero compartilhar com você pensamentos de alguns autores que mostram que o dinheiro nada mais é do que energia, e que se bem empregada pode gerar sim muita felicidade para a nossa vida e para as pessoas que amamos.

"A marca da verdadeira riqueza é determinada por quanto a pessoa é capaz de dar." T. Harv Eker (Os Segredos da Mente Milionária)

T. Harv nos mostra que dinheiro sem generosidade é uma energia vazia e em pouco tempo você vai vê-lo sair de seu bolso para nunca mais voltar se o acúmulo de riqueza só lhe deixou mais avarento e centrado no próprio umbigo.

Para aqueles que acreditam que o dinheiro é escasso e que se eu tiver muito alguém vai ficar sem nada, Eker diz o seguinte:

"[...] Primeiro, o dinheiro não se esgota – a mesma nota pode ser usada anos e anos por milhares de pessoas. Segundo, quanto mais rico é um indivíduo, mais dinheiro ele pode colocar em circulação, permitindo que outras pessoas tenham mais dinheiro para trocar por mais valor."

Ou seja, quanto mais você enriquece e coloca o dinheiro para circular, mais vai gerar prosperidade à sua volta.

E olha o que diz Carlos Wizard Martins, no livro *Desperte o Milionário que Há em Você*:

"Seria uma incoerência pensar que Deus, sendo Pai de amor, Criador de todas as riquezas, de todas as fortunas, de todo minério, minas incontáveis de diamantes, prata e ouro, impedisse seus filhos de usufruir de sua criação. Por isso, agradeça a Deus pela riqueza existente ao seu redor e à sua disposição. Toda esta riqueza é sua. Ela lhe pertence."

Outro autor que gosto muito e cujo livro tenho utilizado em minhas formações gerenciais é Stephen Covey, com o livro *Os Sete Hábitos das Pessoas Altamente Eficazes*. Ele nos ensina o seguinte:

"Ganha-ganha é um estado de espírito que busca constantemente o benefício mútuo em todas as relações humanas. [...] se baseia no paradigma de que há bastante para todos, que o sucesso de uma pessoa não é conquistado com o sacrifício ou a exclusão de outra."

Você deve ter observado que todos esses autores falam sobre a Mentalidade da Abundância e de como a nossa prosperidade refletirá nas pessoas que nos cercam, naqueles com quem nos relacionamos de alguma maneira. Quando temos a Mentalidade da Abundância, segundo Covey, vivemos no "paradigma que diz haver o bastante para todos." Quem, ao contrário, vive na Mentalidade da Escassez não tem um prazer verdadeiro em ver os outros prosperarem, pois sente como se lhe tivessem tirado algo, como se não fosse sobrar uma fatia de prosperidade para ele. Quando estamos conectados com a abundância do universo, sabemos que "quando a maré sobe, todos os barcos sobem", e isso é muito bom!

Também aprendi muito sobre gratidão com meu amigo e palestrante William Douglas que é coautor do livro *As 25 Leis Bíblicas do Sucesso*. Ele e Rubens Teixeira dizem o seguinte neste livro:

"A gratidão deve ser renovável. Evite esquecer aqueles que ajudaram você. O comum é que, com o tempo, as pessoas esqueçam quem lhes estendeu a mão. Procure agir de maneira diferente, tornando-se um profissional fora do comum. Quando posta em prática, a gratidão exige que se reconheça a quem a ela faz jus. Se for levada além, fará a pessoa seguir outra lei, a da generosidade."

Como você acabou de ver, William Douglas e Rubens Teixeira afirmam que a gratidão faz parte do processo para se ter sucesso e prosperidade. E, seguindo a mesma linha de raciocínio dos outros autores, concluí que quem sabe ser grato torna-se naturalmente generoso. O que nos faz recordar novamente da Lei de Ação e Reação, já citada anteriormente, e aqui explicada na prática por Robert Kiyosaki e Sharon Lechter, no livro *Pai Rico, Pai Pobre*:

"Se eu tivesse de passar apenas uma única ideia para o leitor, seria esta. Sempre que você sentir "falta" ou "escassez" de alguma coisa, doe, antes, o que você quer e isso retornará para você os montes. Isso é verdadeiro para dinheiro, sorrisos, amor, amizade. Sei que muitas vezes isso é a última coisa que se deseja fazer, mas, para mim, sempre funcionou. Apenas confio em que o princípio da reciprocidade funciona e doo o meu desejo. Se quero dinheiro, dou dinheiro e ele volta multiplicado. [...] Há muitos anos ouvi algo assim: 'Deus não precisa receber, mas os homens precisam doar.'"

Tudo isso nos faz concluir que mudar sua programação mental em relação ao dinheiro é o único caminho para tornar-se próspero:

"Sua mente é o seu maior ativo, pois pode criar riqueza ou pobreza." E esta frase também é de Robert Kiyosaki.

A seguir vamos conversar mais um pouquinho sobre como a gratidão pode atrair prosperidade para a sua vida se utilizada corretamente. É fundamental que você aprenda muito bem essas lições, não só para implementá-las na sua vida, mas também para saber ensinar a todos os seus coachees que contam com a sua valiosa ajuda para mudar definitivamente a vida financeira.

Veja porque a Gratidão é o elemento-chave para atrair toda a prosperidade para a sua vida e aprenda como utilizá-la corretamente

Você já aprendeu até este momento do livro que temos capacidade de alterar nosso estado emocional e o que sentimos; isso vai permitir que você entenda porque podemos alcançar prosperidade com o exercício diário da Gratidão.

Manter nossos átomos vibrando em alta frequência nos faz estarmos atentos para tudo aquilo que queremos, pois, nosso espírito está alerta e direcionado para ver oportunidades e o lado bom de qualquer coisa que aconteça.

Quando estamos repletos de Gratidão queremos ver outras pessoas no mesmo estado. Crescemos e queremos que os outros cresçam.

Stephen Covey, autor de *Os Sete Hábitos das Pessoas Altamente Eficazes*, fala do princípio do Ganha-Ganha, onde todas as partes envolvidas em um negócio são beneficiadas. Ele diz que para que este princípio funcione perfeitamente precisamos ser íntegros, ter maturidade e ter mentalidade de abundância.

Como você aprendeu anteriormente, todos os autores que apresentei e que tratam de prosperidade financeira nos falam que o universo é abundante e há riqueza e prosperidade para todos. Só nos falta acessar este canal, ajustar nosso pensamento nas "ondas" certas. E é isso que faremos com o auxílio da gratidão. É isso que você poderá oferecer aos seus coachees, ensinando-lhes como mudar o mindset a partir de simples exercícios diários de gratidão, que devem ser praticados no mínimo por 33 dias para que se tornem hábitos e sejam incorporados na vida de seus coachees.

Ou você muda, ou nada muda.

Até hoje o seu coachee alimentou crenças limitantes sobre o dinheiro, plantou sementes erradas e por isso os frutos foram inadequados. A partir de hoje, porém, tudo vai mudar porque você vai ajudá-lo a construir outro mindset, o modelo mental certo em relação à prosperidade financeira e, consequentemente, a vida dele vai mudar.

Agora cuidado com as armadilhas da mente. Mudanças não são necessariamente bem-vindas. A mente vai tentar mantê-lo no atual estado das coisas. É mais ou menos assim:

- Tá ruim, mas tá bom.
- Melhor o mal conhecido do que os possíveis horrores do desconhecido.
- Estou na "merda", mas tá quentinho.

A mente não quer que nós mudemos pois acha que assim está nos protegendo de alguma novidade que pode ser muito pior do que a vida que temos hoje. Mas eu e você sabemos que vale o risco da mudança. O coachee só lhe procurou porque não aguenta mais manter algumas coisas como estão, não é verdade?

Por isso estimule-o a realmente mergulhar na experiência. Oriente-o a não ficar cobrando do universo respostas rápidas. Ele apenas deve fazer os exercícios e saber que ainda que não esteja conseguindo ver os frutos, as sementes estão sendo plantadas e assim como o agricultor sabe que a paciência é recompensada, ele também terá a certeza de que a sua vida nunca mais será a mesma.

TAREFA COMPLEMENTAR ❶

E como tarefa de casa você vai assistir o filme de animação *Divertida Mente*.

Este maravilhoso filme de animação da Disney conta a história de Riley, uma garota divertida de 11 anos de idade, que deve enfrentar mudanças importantes em sua vida quando seus pais decidem deixar a sua cidade natal, no estado de Minnesota, para viver em San Francisco. Dentro do cérebro de Riley, convivem várias emoções diferentes, como a Alegria, o Medo, a Raiva, o Nojinho e a Tristeza. A líder deles é Alegria, que se esforça bastante para fazer com que a vida de Riley seja sempre feliz. Entretanto, uma confusão na sala de controle faz com que ela e Tristeza sejam expelidas para fora do local. Agora, elas precisam percorrer as várias ilhas existentes nos pensamentos de Riley para que possam retornar à sala de controle e, enquanto isto não acontece, a vida da garota muda radicalmente.

Não se engane achando que este filme é coisa de criança; você vai aprender muito sobre o seu funcionamento mental com a ajuda dele.

E agora mãos à obra porque na próxima parte deste livro você aprenderá o que fazer em cada uma das sessões com o seu coachee, inclusive na entrevista inicial, onde vocês vão combinar como o trabalho ocorrerá.

Papel e caneta na mão porque vou lhe ensinar detalhadamente o que você precisa fazer em cada uma das sessões.

QUINTA PARTE

O processo - da teoria à prática

> *"Nossos pensamentos, palavras e atitudes são os tijolos que edificam nossa prosperidade."*
>
> Abel Ribeiro

CAPÍTULO 9

CONTRATO E ANAMNESE INICIAL

Aprendendo a atuar como Coach da Gratidão

Vamos introduzir os conhecimentos de Coaching para que você possa atuar como Coach da Gratidão Financeira e como Líder Transformador.

Sugiro que você comece trabalhando com duas pessoas. Um número maior do que esse não é aconselhável, pois você está aprendendo e precisa de tempo para dominar as técnicas que colocará em prática.

Por outro lado, uma pessoa só não lhe permite comparar o progresso alcançado pelos coachees, o que dependerá não só de sua performance como coach, mas também do empenho e dedicação de cada um.

É importante lembrar que o processo de coaching não funcionará com a mesma efetividade se for obrigatório. Ofereça o suporte, peça para que as pessoas interessadas se inscrevam e escolha as duas primeiras pessoas a partir dessa lista de interessados. Pessoas comprometidas dão muito mais resultados e você saberá no futuro com quem pode contar de fato em sua equipe.

Então vamos aos preparativos:

Logística

Agora você vai aprender tudo o que precisa para iniciar bem o seu processo de coaching.

- **Acordo**: você precisa ao menos de 10 sessões para trabalhar cada competência de seu coachee. O ideal é que as sessões ocorram uma vez por semana, sendo que entre uma sessão e outra o coachee terá tarefas de casa, que basicamente implica em colocar seu plano de ação em prática. Lembre-se: saber e não fazer é ainda não saber.

- **Local do encontro e horário**: você precisa de uma sala onde não ocorram interrupções e onde a privacidade seja assegurada. É importante que o coachee saiba que a conversa de vocês não está sendo ouvida por outras pessoas. Procure manter também o mesmo dia da semana e o horário para que haja uma certa regularidade. Se precisar alterar, combine antecipadamente com o coachee.

No caso de atendimento online, é importante que você e o coachee disponham de câmera e microfone. As sessões podem ser feitas pelo Skype, Zoom, WhatsApp com chamada em vídeo, ou qualquer outro mecanismo que permita que vocês possam ver e ouvir um ao outro.

- **Confidencialidade:** o coachee é dono da informação. Para que a relação de confiança se estabeleça e o processo dê resultados isso é fundamental.

- **Materiais:** tenha um caderno de anotações ou uma pasta para cada coachee, de modo que não precise contar apenas com sua memória, pois detalhes do processo fazem toda a diferença. O coachee também precisa ter dois cadernos, que você já pode solicitar neste momento:

- O caderno da gratidão pela prosperidade financeira, que você explicará como vai funcionar no momento oportuno;
- O caderno de metas e atividades onde anotará os novos conceitos, o que aprendeu e seu plano de ação.

Além disso existem materiais que você providenciará antecipadamente, como cópias de formulários ou de textos de apoio que você deseja que ele leia ou preencha, assim como materiais para os exercícios de gratidão que eu vou orientá-lo em cada sessão, nos capítulos que teremos pela frente.

- **Orientações básicas:** explique a ele o que é coaching e o que ele não é. Lembre-se que não se trata de terapia ou aconselhamento. Você não ajudará a resolver questões de ordem emocional nem pretende dar conselhos. Você é a pessoa que faz perguntas, e as respostas somente o coachee poderá encontrar.

Esclareça também que você vai trabalhar com ferramentas da gratidão porque comprovadamente tem trazido resultados mais efetivos e rápidos do que outras abordagens.

Relembre também que o enfoque será na prosperidade financeira, que foi o motivo pelo qual ele o procurou.

Informe que você não tem a responsabilidade de orientá-lo quanto a aplicações, empréstimos, renegociação de dívidas. Avise que o que você vai fazer é ajudá-lo a mudar o mindset, eliminando os sabotadores e as crenças limitantes em relação ao dinheiro, para que enfim ele possa atrair toda a prosperidade que deseja e merece para a própria vida.

Vamos substituir o paradigma da escassez pelo paradigma da prosperidade e abundância financeira.

Aqui vão as informações que você precisa transmitir a ele:

ALGUNS CONCEITOS:

Existem alguns conceitos que você precisa esclarecer ao seu coachee:

Emprestou-se o nome COACH do mundo esportivo, que representa a figura do técnico do time, aquela pessoa cujo papel é incentivar e ajudar o atleta a desenvolver habilidades para que ele aumente sua performance.

O COACHING é um processo estruturado no qual o coach tem a missão de ajudar seu coachee a atingir objetivos que são acordados no início do processo. Vocês começarão com uma sessão inicial mais longa, na qual será feita uma avaliação da situação atual, do objetivo a ser alcançado e dos passos necessários para se chegar lá. Em seguida, acontecerão encontros semanais para implantação e acompanhamento do plano.

O coaching parte do pressuposto de que o coachee tem todos os recursos de que necessita para atingir seus objetivos. O coach apenas dá ao coachee a estrutura necessária para que ele possa se encontrar e crescer.

Para você lembrar e saber:

> **Coaching = o processo em si**
>
> **Coach = o profissional que conduz o processo**
>
> **Coachee = a pessoa que é alvo do processso**

O **modelo** é do **aprendizado**, onde o objetivo é criar as condições para que o liderado aprenda e se desenvolva, aumentando a sua capacidade de ação. E lembrando que no momento decisivo é o atleta, não o técnico, quem vai ganhar o jogo.

Fale também de seus papéis como coach, que são:
- Apoiador estratégico: proporciona o que falta para que o coachee atinja seus objetivos pessoais e profissionais; faz com que seu cliente encontre soluções para problemas complexos.
- Transformador de paradigmas: o coach é aquele que ajuda o seu cliente a sair do lugar-comum, a deixar de ser vítima das crenças limitantes.
- Estimulador do desenvolvimento interpessoal: pessoas de alto potencial que não decolam na carreira têm como entrave muito mais a falta de desenvolvimento interpessoal, do que falta de desenvolvimento técnico.

Se você sentir necessidade, pode também apresentar ao coachee os mitos e verdades sobre o coaching que estão aqui no livro.

Esclareça ao seu coachee que a ferramenta número 1 do coaching é a pergunta. A grande mudança do paradigma da liderança acontece quando o líder para de dizer aos seus liderados como fazer as coisas e começa a perguntar.

Agendem a data, horário e local da primeira sessão.

Neste capítulo você tem ainda à sua disposição algumas ferramentas para consolidar sua aprendizagem como Coach da Gratidão, e preenchê-las faz parte de sua tarefa complementar. São elas:

TAREFA COMPLEMENTAR ❶ Formulário de Reavaliação (ANEXO 11)

TAREFA COMPLEMENTAR ❷ Plano de Ação do Coach da Gratidão Financeira (ANEXO 12). O primeiro formulário permitirá rever como foi o seu progresso até aqui e o segundo é um esquema com o passo a passo do que você deverá implantar com os seus coachees e que aprenderá até o final do livro.

TAREFA COMPLEMENTAR ❸ E em nossa sessão de cinema você deverá assistir ao filme *Coach Carter*, que conta a história real e inspiradora de um treinador que decide mostrar os diversos aspectos dos valores de uma vida ao suspender seu time campeão por causa do desempenho acadêmico dos atletas. Dessa forma, Ken Carter recebe elogios e críticas, além de muita pressão para levar o time de volta às quadras. É aí que ele deve superar os obstáculos de seu ambiente e mostrar aos jovens um futuro que vai além de gangues, prisão e até mesmo do basquete.

É hora de arregaçar as mangas, entrar em campo e fazer acontecer.

CAPÍTULO 10

1ª SESSÃO

Iniciando da maneira certa

Bem-vindo ao nosso décimo capítulo. Você já trabalhou firme nos nove capítulos anteriores. Se em algum deles você não realizou as tarefas de casa, volte lá e faça isso antes de seguir adiante.

Lembre-se: este não é um livro para simplesmente ser lido. Você deve estudá-lo e implementar o que aprendeu para se transformar num excelente Coach da Gratidão Financeira.

Claro que a leitura de um livro não substitui uma formação. Sugiro que você procure participar de nossa formação online e presencial o quanto antes. Para saber mais entre no site:

http://agratidaotransforma.com.br/coachinglivro/

Hoje você vai aprender o que fazer na primeira sessão com o seu coachee, uma vez que a primeira conversa que tiveram foi apenas para explicar como aconteceria o processo.

Antes da sessão você deverá fazer uma leitura ativa de todo o livro até aqui, concentrando-se principalmente nas informações valiosas que você precisa para atuar como Coach da Gratidão. Quando falo em leitura ativa, me refiro a ler com marcador de texto, papel e caneta na mão para fazer suas observações, grifar o que for importante e registrar seus comentários.

Lembre-se que tudo começa com a construção de uma relação pautada em confiança e para isso é fundamental que você se utilize da escuta empática. Então vamos olhar mais de perto este assunto.

Construir uma parceria sólida baseada em confiança mútua

Se você encarar o trabalho de coaching apenas como mais uma de suas tarefas como líder corre o risco de transformá-lo num processo automático e burocrático, o que vai minar a capacidade de interação entre coachee e coach.

Aprender significa ter a coragem de abrir mão de crenças, hábitos, modelos mentais que já estamos acostumados e já dominamos, e mesmo quando sabemos que estão superados e até nos prejudicando, ainda assim são confortáveis, como aquela roupa velha, com a qual você jamais apareceria em público, mas não consegue desvencilhar-se dela. Em contrapartida aprender é abraçar o novo, o desconhecido, que só por isso pode parecer assustador. Quando entramos no contínuo do aprendizado, somos temporariamente novatos, o que gera sensação de falta de controle (um dos causadores principais de estresse) e nos sentimos infantilizados.

Este é o cenário interno do coachee. Adiciona-se um gestor que não percebe a importância de seu papel como coach e a lógica é que o próprio coachee não se comprometa. Quem se compromete a correr riscos quando não se sente apoiado?

O coach se torna uma testemunha do processo do coachee e ter alguém que exerce esse papel gera um senso de apoio e de que somos importantes. Isso se a relação de confiança existir. Do contrário, gera insegurança e sentimento de perseguição por parte do coachee, que se sente avaliado e até criticado o tempo todo.

Basicamente, os comportamentos mais úteis para que o processo de coaching funcione são os seguintes:
- Feedback claro e construtivo;
- Relacionamento de confiança e apoio.

Em muitos casos o coachee está tão pronto que só precisa de uma testemunha, de alguém que o observe sem julgamento e que demonstre interesse no seu sucesso.

Como líder coach transformador você precisa ter a capacidade de estabelecer vínculos facilmente. E existem dois fatores que influenciam diretamente nesta capacidade:

1. VOCÊ É CONFIÁVEL?

Confiança é algo que se constrói ao longo do tempo. No entanto, você precisa ficar atento para não cometer os principais erros que minam qualquer relação de confiança que esteja sendo construída entre coach e coachee. São eles:

- Quebra de confidencialidade: vocês têm um pacto de transparência e abertura, mas se o coachee souber que as informações confidenciais que ele revelou a você estão se tornando públicas, vai começar a selecionar o que pode e o que não pode compartilhar com você.

- Desafios irreais: é importante não impor parâmetros de rapidez que não condizem com a realidade. Se o coachee sentir que a pressão exercida por você é muito grande, tenderá a encará-lo como um algoz e não como um apoiador de seu processo de crescimento.

- Dar conselhos: deve ser o último recurso, pois o papel fundamental do coach é ajudar o coachee a buscar respostas por si mesmo. O coachee pode ler sua postura como arrogância e isso destrói os vínculos de cumplicidade e confiança.

- Não se torne um terapeuta. Não caia na tentação de querer resolver todos os problemas da vida do coachee; este não é seu papel e possivelmente você nem está qualificado para isso. Se falhar, o que possivelmente ocorrerá, deixará o coachee inseguro em relação à sua verdadeira qualificação e competência para ser coach. Se durante o processo você identificar a necessidade de se trabalhar questões emocionais e pessoais do coachee, faça o encaminhamento para um profissional da área.

2. VOCÊ SABE ESCUTAR?

Não fomos treinados para ouvir, de modo a COMPREENDER real e profundamente o outro ser humano, a partir do seu quadro de referências.

A maioria das pessoas não consegue escutar com intenção de compreender. Ouve com a intenção de responder.

São 5 (cinco) os níveis de escuta:
- Ignorar o que é falado – não escuta nada.
- Fingir que escuta – sei, sei. Claro.
- Atenção Seletiva – ouve apenas partes da conversa.
- Atenção concentrada – nas palavras ditas.
- Atenção empática – forma mais elaborada de ouvir.

Podemos dizer então que a Escuta Empática é o caminho que o Líder Coach Transformador deve adotar. Ela consiste em:
- Escutar com a finalidade de compreender;
- Olhar para dentro da pessoa, ver o mundo como ela o vê;
- Compreendê-la profundamente, tanto no plano emocional como no intelectual;
- Escutar com os ouvidos, ouvir com os olhos e o coração.

Como coach o líder precisa treinar sua habilidade de escuta empática para:
- Escutar a história em si;
- Escutar sem julgar a pessoa;
- Escutar o seu modelo mental: cada história que o coachee conta é na realidade uma descrição de como ele funciona, e é nisto que o coach deve prestar atenção.
- Escutar as qualidades do outro.

A partir destas bases, coach e coachee estão prontos para iniciar o processo de coaching de maneira sólida e eficaz.

Treine suas habilidades em ouvir, aprenda a controlar o desejo de dizer o que fazer. Treine transformar conselhos em perguntas instigantes.

Assim você estará pronto para começar.

Basicamente seu objetivo será avaliar quais competências eles precisam desenvolver para que aumentem sua capacidade de ganhar e gerir suas finanças. E o seu papel como Coach da Gratidão é o de contribuir para o desenvolvimento destas competências que ajudarão o coachee a atingir suas metas financeiras mais eficientemente.

Você vai ajudá-lo a identificar seus sabotadores internos e crenças limitantes em relação ao dinheiro, para que possa substituí-las por crenças empoderadoras, que modifiquem o seu mindset e o levem a novos patamares de resultados financeiros.

Lembre-se: a mesma energia que se gasta reagindo a um problema pode ser usada para criar a solução e é isso que vocês farão juntos a partir de agora.

Durante todo o processo você se utilizará de quatro perguntas poderosas com o coachee:

- O que você quer?
- Como você pode conseguir isso?
- O que pode impedi-lo?
- Como você vai saber que conseguiu?

Por outro lado, o coachee deve sempre perguntar a si mesmo:
- O que posso aprender?
- O que fiz que não funcionou?
- O que poderia fazer melhor da próxima vez?
- O que fiz que deu certo?

O primeiro passo é que ambos conheçam o ponto de partida para saber que caminhos precisarão ser trilhados. Então, você fará com o seu coachee na primeira sessão de coaching o que fizemos em seu segundo capítulo, lembra? Vou recapitular a seguir.

Coleta de dados e a aliança inicial

Agora eu vou lhe ensinar o que você precisa perguntar e investigar na fase de coleta de dados e aliança inicial. Lembre-se que seu foco com ele é na área financeira, portanto, as perguntas dele, diferentemente do diagnóstico que fiz com você, que foi mais abrangente e você o trabalhou em todas as áreas de seu autodesenvolvimento, no caso dele será um diagnóstico focado no que ele precisa superar para conquistar a prosperidade financeira. Vamos lá.

1. METAS INICIAIS:
- Por que você está buscando o coaching com o foco na prosperidade financeira?
- O que você quer alcançar em termos de resultados financeiros nos próximos meses?
- Como saberemos que nosso trabalho teve sucesso? O que você terá conseguido? O que terá mudado?

2. ESCUTA ATIVA:

Peça para o coachee relatar momentos em que não estava agindo como queria ou conseguido o que queria.

Busque exemplos concretos do problema que o coachee diz que tem em matéria de finanças. Você não deve discordar, ou julgar, mesmo que enxergue de outra forma. Pegue o conteúdo da mensagem e repita para ele deixando claro que ele está sendo ouvido e compreendido.

Não fique com o discurso e sim com as ações, com os exemplos concretos.

3. SINALIZE DESAFIOS E OPORTUNIDADES:
- Esta situação ou problema é uma grande oportunidade de você desenvolver o quê? O problema presente indica que existe uma habilidade que não está presente. Assegure o coachee que ela será identificada e desenvolvida com o trabalho.

Estabelecer uma visão de futuro:

4. DECLARAÇÃO DA MISSÃO:

A empresa onde o coachee trabalha provavelmente tem uma missão definida, uma razão de existir. Mas o coachee precisa definir qual é a sua missão pessoal. Se o foco for apenas em ganhar dinheiro, enriquecer, se livrar das dívidas sem ter clareza de qual é o seu porquê, ele não terá motivação suficiente para seguir adiante com suas metas.

Dinheiro é como o ar que respiramos: a falta dele nos asfixia e pode matar; mas a sua presença não é suficiente para garantir a felicidade. Aposto que você não disse hoje pela manhã: "Nossa! Estou tão feliz porque estou inspirando e expirando, inspirando e expirando, inspirando e expirando." Só valorizamos o ato de respirar quando passamos por uma situação difícil de ficar sem ele. O mesmo acontece com o dinheiro. E assim que a situação se normaliza, respirar não é mais o grande motivo que o faz levantar da cama todos os dias. Dinheiro também não é. Então o coachee precisa encontrar o seu porquê.

Esclareça ao seu coachee que DINHEIRO é apenas uma percepção, um conceito abstrato. Ou você usa o dinheiro ou ele usa você. Ou você o domina, ou é dominado por ele. Ele não pode ter um fim em si mesmo. E as pessoas que são capazes de gerar mais dinheiro são aquelas que o geram como consequência do que fazem no mundo como missão. O dinheiro vem para o seu bolso em abundância quando o que o move não é ganhá-lo, e sim cumprir o seu propósito de vida, o que você faria mesmo de graça.

Então vamos ajudar o coachee a enxergar o que precisa estar em primeiro plano em sua vida. As perguntas-chave para que o coachee defina sua missão pessoal ou seu propósito de vida são as seguintes:
- O que você deseja criar neste ambiente?
- Qual o legado que quer deixar?
- Você quer ser lembrado pelo quê?
- Por que você acorda e vai para o trabalho todo dia?

5. VALORES:

Para saber os valores positivos que motivam o seu coachee, pergunte sobre momentos de sua vida onde ele se sentiu energizado e satisfeito, e você vai notar vários valores ou alguns valores recorrentes em situações diferentes. Para saber quais os negativos, descubra qual tipo de situação é altamente irritante ou estressante para ele e que ele faz de tudo para evitar.

Valores conflitantes são duas forças opostas exercendo pressão ao mesmo tempo. Enquanto o valor positivo motiva a pessoa a ir atrás de sua meta, o valor negativo (caso exista algum em relação à mesma meta) a leva para o lado oposto. É como acelerar e pisar no freio ao mesmo tempo. A pessoa está simultaneamente indo atrás do que quer enquanto está querendo se proteger de alguma sensação negativa.

> Você já trabalhou esses conteúdos em nosso segundo capítulo e agora é hora de ajudar o seu coachee a fazer o mesmo. Procure repassar para ele tudo o que aprendeu na aula 2 e aplique os seguintes formulários:
> - Formulário de identificação do Propósito de Vida e valores (ANEXO 2)
> - Roda da Gratidão pela Vida (ANEXO 9)

Até aqui você trabalhou com ele o primeiro princípio da Liderança Transformadora: **Descubra quem você é**.

Agora é hora de mostrar a ele que talvez os outros o enxerguem de maneira diferenciada e para que ele possa evoluir, precisa colher estas percepções, ou seja, o segundo princípio da Liderança Transformadora:

Identifique como você é visto pelos outros.

Para isso vocês se utilizarão da seguinte ferramenta:

- Questionário: Como você me vê (ANEXO 13).

Vou explicar tudo isso detalhadamente a seguir.

Como você me vê

O propósito deste questionário que vamos aplicar é coletar dados vindos de pessoas de várias categorias de interação com o coachee, para contrastar a imagem que ele tem de si e a percepção que os outros têm dele.

O coachee faz a sua autoavaliação e, no final da coleta de dados, nota o contraste que existe entre a sua percepção de si *versus* a percepção dos outros.

Muitas vezes as dificuldades financeiras estão associadas a posturas inadequadas que o coachee está tendo em relação a dinheiro e ele precisa ouvir a opinião das pessoas que convivem mais de perto com ele porque isso pode dar pistas de onde está errando ou fazendo escolhas equivocadas.

No entanto, a área financeira é um tabu para a maioria das pessoas. Os dois temas mais evitados de serem tratados socialmente são sexo e dinheiro sendo que é ainda mais fácil falar para os outros quantas vezes você faz sexo por semana do que quanto tem em sua conta bancária.

Portanto, ter que ouvir dos outros como eles o enxergam em termos financeiros pode ser muito constrangedor.

Assim, você dará duas opções ao seu coachee:
- Entregar o questionário para amigos e familiares para que eles respondam e entreguem preenchido;
- Fazer as perguntas para essas mesmas pessoas de maneira informal, procurando identificar qual é a opinião delas sobre o seu comportamento financeiro.

As perguntas que você encontrará no ANEXO 13, que o coachee deverá aplicar nas pessoas que ele quer saber como o veem, são as seguintes:
1. Você me vê: como um poupador natural ou um gastador habitual?
2. Quais os principais erros eu posso estar cometendo na administração do meu dinheiro?
3. O que você faria diferente de mim em matéria de finanças?
4. Onde você acha que eu poderia economizar?
5. O que você faria no meu lugar para gerar mais renda?

Lembre-se que o processo todo é baseado em opiniões subjetivas. Para evitar que a parcialidade de algumas pessoas sobre o coachee gere distorções, é importante que o número de avaliadores seja de, pelo menos, cinco pessoas.

Essas pessoas podem ser parentes, amigos, colegas de trabalho ou de faculdade.

Mesmo se o coachee achar que a percepção dos outros não combina com a sua percepção de si, é hora de perguntar a si mesmo o que pode estar causando esta dissonância. O objetivo não é perder a sua identidade, e sim se adaptar às condições para que a sua identidade possa ser expressada com impacto mais positivo.

> Você vai utilizar aqui com o seu coachee:
> - Formulário de identificação do Propósito de Vida e valores (ANEXO 2)
> - Roda da Gratidão pela Vida (ANEXO 9)
> - Questionário Como você me vê (ANEXO 13)
>
> Estas serão tarefas de casa e o coachee deve trazer na próxima sessão.

Possivelmente o seu coachee estará ansioso para começar a trabalhar as questões financeiras que foram o que o levaram até você. No entanto, você deve esclarecer que enquanto ele não tiver clareza de quem ele é e o que o move, jamais conseguirá dominar o jogo do dinheiro, e ainda que consiga conquistar alguma quantia, acabará perdendo tudo por não saber o que o move de fato.

Esclareça que assim que ele tiver feito essa primeira autoavaliação e a avalição de como os outros o veem, vocês vão traçar suas metas financeiras e começar a trabalhar nelas.

TAREFA COMPLEMENTAR ❶
Desta vez sua tarefa de casa serão os atendimentos de seus dois coachees. Então capriche.

TAREFA COMPLEMENTAR ❷
E você também deve assistir ao filme *Chamas da Vingança*. Este filme vai ajudá-lo a entender o quanto o papel do coach pode fazer toda a diferença no alcance dos resultados por seu coachee.

A história é a seguinte: uma grande onda de sequestros varre o México, fazendo com que muitos de seus cidadãos mais ricos contratem guarda-costas para seus filhos. John Creasy (Denzel Washington) é um desmotivado ex-agente da CIA que aceita a proposta de ser guarda-costas da pequena Pita (Dakota Fanning), uma garota de 9 anos que é filha de um industrial (Marc Anthony). Creasy faz pela menina muito mais do que o contrato de trabalho exige e ele também se transforma num ser humano melhor com a ajuda dela.

Identifique de que forma John atuou como coach.

Parabéns! O primeiro passo é o mais importante e você acabou de dar.

SEXTA PARTE

Plano de Prosperidade Financeira

"Ninguém consegue chegar ao mais alto patamar do talento ou do desenvolvimento espiritual sem ter dinheiro suficiente. Para despertar espiritualmente e desenvolver o talento, deve-se ter muitas coisas, e não se pode tê-las sem dinheiro para comprá-las."

Wallace Wattles

CAPÍTULO 11

2ª SESSÃO

Conexão poderosa

Bem-vindo novamente. Hoje, em nosso 11º capítulo, vamos nos preparar para a sua próxima sessão de coaching com o seu coachee.

Aqui é muito importante que você faça um exercício de empatia com o seu coachee. Lembre-se de como foi para você entrar em contato com o seu lado sombra, descobrir que os outros não o viam de maneira tão positiva quanto você imaginava, e mesmo que para você tenha sido uma experiência tranquila, acredite: há uma grande possibilidade de que para o seu coachee tenha sido bem pesado!

Lembre-se que ele acabou de fazer contato com aspectos de seu comportamento e de sua personalidade que desconhecia ou ao menos que imaginava que os outros desconheciam. Nesse momento é possível que ele esteja se sentindo exposto, vulnerável, magoado ou com sentimento de inadequação perante o grupo.

É hora de ajudar o seu coachee a perceber que ele não é refém do passado e que pode mudar a sua história quando quiser, desde que aprenda a aceitar o seu lado sombra, sem culpa, sem cobrança, mas buscando desenvolver e mostrar o seu melhor.

As pessoas reativas tendem a reclamar do que não está bom ao invés de colocar foco em construir o que querem. Uma pergunta poderosa que pode ajudar o seu coachee é a seguinte: "O que você gostaria em vez desta situação?" ou "Se as coisas fossem como você idealiza, o que estaria acontecendo?"

Quando o coachee percebe que seu coach vai ajudá-lo a aumentar as possibilidades de conseguir as suas metas, ele se torna motivado no processo, pois enxerga que terá ganhos pessoais.

O que você estará fazendo com ele neste segundo encontro nada mais é do que trabalhar o terceiro princípio da Liderança Transformadora: **Aceite-se integralmente.**

ENTÃO VAMOS LÁ:

Fale para ele sobre o Efeito Sombra, explique como o ser humano funciona e mostre o quanto agora ele está mais próximo de saltar em sua vida profissional e pessoal, pois têm mais pistas, mais elementos acerca de seus pontos fortes e pontos a desenvolver.

Existem obstáculos para chegar até as metas traçadas? Ótimo! Mostre que isso são oportunidades de crescimento.

Deixe-o desabafar, utilize-se da escuta empática, repita o que ele disse para que se sinta ouvido e compreendido. Não dê conselhos. Apenas ouça.

Dê uma tarefa de casa a ele: assistir ao filme *A Família do Futuro*. Trata-se de um filme de animação onde o personagem principal, Lewis, é um garoto responsável por invenções brilhantes e surpreendentes. Seu mais recente trabalho é o escâner de memória, uma máquina que o ajudará a encontrar sua mãe biológica, o que permitirá que ele enfim tenha uma família. Porém, antes mesmo de utilizá-la a máquina é roubada pelo Bandido do Chapéu-Coco. Lewis recebe então a visita de Wilbur Robinson, um jovem misterioso que o leva em uma viagem no tempo. Já no futuro Lewis conhece os Robinson, a família de Wilbur, que o ajudará a recuperar o escâner de memória e principalmente Lewis aprenderá que erros não são problemas, e sim oportunidades de aprendizagem.

Sugiro que você assista ao filme antes de indicá-lo a seu coachee.

Cumprida esta etapa, você poderá prosseguir para o quarto princípio da Liderança Transformadora: **Mostre o seu melhor**. Para isso, seu coachee precisará definir as Metas e o Plano de Ação.

Tudo isso vou lhe explicar em seguida.

Objetivos e metas

Vamos ver agora que existem dois tipos de **metas** a serem trabalhadas:
1. Meta de desenvolvimento ou estratégica (onde pretende chegar. Ex: ser presidente da empresa, comprar casa própria, etc.).
2. Meta de performance ou de competência.

A meta de performance ou competência deve ser definida a partir da competência que preciso desenvolver para chegar à minha meta estratégica.

Lembre-se que seu objetivo como coach não é assegurar que o coachee vai alcançar a meta estratégica, e sim que ele vai desenvolver a competência, afinal, a meta estratégica pode só ser alcançada depois de muitos anos. O que você vai fazer é colocar o coachee caminhando na direção certa e com as ferramentas necessárias para chegar lá.

Nos dois casos as metas devem ser registradas no caderno de metas e atividades do coachee e também anotadas por você para que possa realizar o acompanhamento.

Uma vez que o coachee anuncie sua meta para outros, naturalmente se torna mais disciplinado ou vai se sentir envergonhado pela incongruência entre a meta que anunciou e as ações que está tendo.

A questão-chave é: como atingir o que ele quer dentro do contexto do que a família ou a empresa onde ele trabalha quer?

Não podemos trabalhar objetivos financeiros do coachee descontextualizados do ambiente onde ele vive.

Uma vez que o coachee tenha definido a sua meta, a próxima pergunta lógica seria sobre os recursos existentes. O que você tem (qualidades, habilidades, competências) que o ajudam a conseguir a meta e o que está faltando desenvolver?

Possivelmente várias áreas de desenvolvimento virão à tona durante o processo de coleta de dados e agora o coachee deve escolher dentre estas qual a competência mais urgente a ser trabalhada.

O objetivo é criar um alinhamento entre o que o coachee vai desenvolver e do que a empresa que ele trabalha precisa. Que tipo de pessoa você precisa ser, com qual comportamento para aumentar a possibilidade de conseguir a sua meta?

Minimetas são os sinais ao longo do caminho que marcam o progresso do coachee. Subdividir as metas em minimetas evita o choque que existe quando o coachee nota que o seu desejo está muito longe de seu presente.

Lembre-se que se a meta for fácil demais, gera tédio, pois não requer nenhum crescimento e assim, não existe satisfação.

Se a meta for difícil demais, gera ansiedade, pois o indivíduo sente-se inadequado, sem controle nenhum e sem poder para lidar com o que precisa ser feito. O ideal seria manter a meta original, subdividi-las em quantas minimetas forem necessárias e desenvolver as competências ou aptidões para que a pessoa consiga ir em frente.

Lembre-se que a meta precisa ser:
- Específica: clara, de fácil entendimento;
- Mensurável: que você saiba quando alcançou;
- Alcançável: nem fácil demais, nem impossível;
- Relevante: ou seu coachee desistirá no primeiro obstáculo;
- Temporal: em quanto tempo vai conseguir isso?

Para traçar a meta financeira você vai fazer várias perguntas ao seu coachee com o objetivo de realizar uma avaliação inicial do modelo de dinheiro que ele possui (ANEXO 14). Você verá que estas questões lhe darão várias pistas de quais são as crenças limitantes e sabotadores em relação ao dinheiro do seu coachee, assim como posturas e hábitos inadequados que ele possa estar adotando e que precisam ser corrigidos/eliminados. Aqui estão:

1. O que é riqueza para você?
2. O que o faz se sentir rico?
3. Como está a sua situação financeira hoje? (Momento atual)

4. Qual o seu fluxo estável de renda mensal?
5. Em uma escala de 0 a 10, qual o seu grau de satisfação com seu fluxo de renda mensal?
6. Quais ações você poderia tomar para dobrar o seu lucro, salário ou retirada?
7. Você vive abaixo, dentro ou acima de sua renda?
8. Você é um poupador natural ou um gastador habitual?
9. Quanto você pode poupar por mês a mais do que está poupando?
10. Você possui algum tipo de dívida? Qual?
11. Você tem o hábito de parcelar a fatura do seu cartão de crédito?
12. Você tem o hábito de utilizar o cheque especial?
13. Você utiliza suas compras no cartão de crédito para gerar pontos/milhas?
14. Quais despesas podem ser dispensáveis?
15. Quais os principais erros que você comete na administração do seu dinheiro?
16. Quais são seus medos financeiros?
17. Você se considera uma pessoa merecedora da prosperidade?
18. O que é prioridade para você: ganhar, ter ou usufruir o dinheiro?
19. Você organiza suas receitas e despesas em uma planilha de controle?
20. Você acompanha o mercado financeiro ou utiliza algum índice de acompanhamento e controle financeiro?
21. Como você gostaria de estar em 1, 3 e 5 anos em matéria de resultado financeiro?
22. De tudo isso que você enumerou, qual a meta financeira mais importante para você hoje?
23. O que você precisa mudar agora para alcançar esta meta?

Provavelmente seu coachee vai apresentar dificuldade para responder algumas dessas questões. Anote as respostas que ele conseguir dar e as que ele não se sentir preparado para responder imediatamente, deixe que ele leve como lição de casa e traga preenchido para a próxima sessão.

Esclareça que é realmente uma investigação intensa e aprofundada porque você e ele precisam ter clareza de qual é a situação atual para conseguirem traçar o estado desejado e principalmente trabalharem juntos para que ele chegue lá.

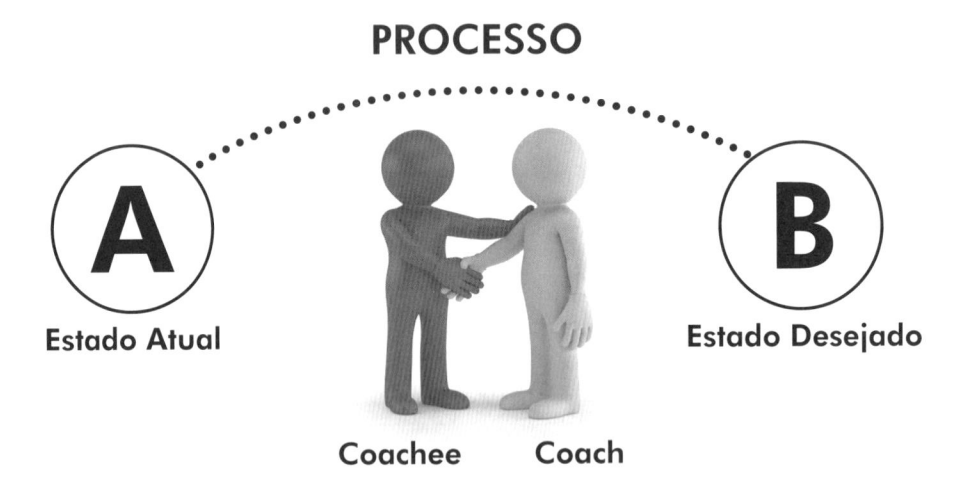

PROCESSO

A Estado Atual

B Estado Desejado

Coachee   Coach

Depois disso aplique os 5 quesitos anteriores para ver se a meta que ele definiu na questão de número 22 está adequada (é específica? Mensurável? Alcançável? Relevante? Será alcançada em quanto tempo?). A meta deve ser registrada no caderno de metas e atividades do coachee e no formulário específico (ANEXO 15).

Uma vez traçadas as metas, vamos construir o caminho de como implementá-las.

Venha comigo.

Plano de ação

Agora vamos ajudar seu coachee a fazer o Plano de Ação (ANEXO 16).

É importante lembrar que o processo de formulação das ações deve ser sempre baseado em:
- Capacidade de maior aproximação da meta;
- Capacidade de desafiar o coachee.

Para ajudar o coachee a construir o Plano de Ação, peça para que ele busque no passado momentos de sucesso em relação à prosperidade financeira. Por mais que hoje o cenário dele esteja desfavorável em matéria de dinheiro, com certeza ele já teve episódios de sucesso nessa área e lembrar deles trará dois ganhos:
- Motivar o coachee percebendo que é possível, pois no passado já conseguiu;
- Descobrir a fórmula do sucesso (o passo a passo que ele já executou e que trouxe resultados, ainda que em pequena escala).

Além disso, utilize-se das perguntas poderosas:
- O que ele vai fazer?
- Como vai fazer?
- Quando vai fazer?

Estas três perguntas levam o indivíduo para a ação.

Evite o "porque", pois o "porque" leva para o passado, para o campo de justificativas. Queremos o coachee proativo e não reativo.

Não discorde do plano de ação mesmo que com sua experiência você já tenha como prever que não vai funcionar.

No máximo você pode fazer perguntas para provocar a reflexão do coachee. Exemplo:

Coachee: Quero começar a cortar gastos; vou começar na segunda-feira.

Coach: E o que você fará no fim de semana estará o levando mais perto ou mais longe de sua meta?

Se o coachee disser que será indiferente ou que não se importa, não interfira. O Plano de Ação é dele e você precisa dar o tempo para que ele descubra por seu próprio esforço o que funciona e o que leva ao fracasso.

Lembre-se das caixinhas de sugestões do Lucio Queiroz no livro *Agora é Pra Valer*. Volte ao livro e veja como Beatriz Sampaio agiu quando Lucio traçou um plano de ação que Beatriz sabia, por sua experiência, que seria um fracasso.

Observe também que após dar errado, Beatriz não fez nenhum comentário pejorativo do tipo: "É óbvio, não é mesmo Lucio, que uma ideia de jerico daquelas não poderia funcionar!"

Algumas perguntas complementares podem ajudar a traçar o Plano de Ação:

- O que você quer criar esta semana para se aproximar da sua meta?
- O que precisa ser desbloqueado para você ir em frente?
- O que você precisa para se motivar?
- O que você fez para passar pelos obstáculos do passado?
- O que você pretende fazer agora, em que ordem?

Para garantir a efetividade dos resultados faça com que o coachee liste as ações que realizará com a data de entrega.

O ideal é que o coachee tenha a oportunidade de treinar sua nova competência várias vezes por dia, acelerando seu aprendizado. "Saber e não fazer é ainda não saber." Dizemos que o aprendizado de fato ocorreu quando o coachee tiver condições de colocar a nova competência em prática com um certo conforto ou naturalidade e isso requer muita repetição.

> Para auxiliá-lo nesta etapa você tem três formulários que deverá utilizar com seu coachee:
> - Avaliação inicial do seu modelo de dinheiro (ANEXO 14)
> - Formulário de definição de metas financeiras (ANEXO 15)
> - Formulário para confecção de Plano de Ação (ANEXO 16)

Antes que o coachee parta para a implementação do Plano de Ação, ainda existe uma etapa importante: prever os possíveis obstáculos e antecipar um plano B e até um plano C.

Existem três tipos de obstáculos mais comuns:

- **Obstáculos logísticos** – basicamente estamos falando de tempo, apoio e recursos. É conveniente que o coachee antecipe a busca de todos os recursos que vai utilizar ao longo do processo, de tal forma que questões logísticas não sirvam de desculpa para paralisá-lo. Perguntas como quem, o que, quando, como, quanto custa, podem auxiliar na construção do planejamento logístico.
- **Obstáculos internos** – como já falamos anteriormente, num processo de mudança é normal que apareçam medos, inseguranças e ansiedades o que pode travar o desenvolvimento do coachee. Além disso, ele pode ter pressa para alcançar resultados, e quando não vislumbra o progresso que deseja na velocidade que imagina pode perder a confiança em si mesmo, no coach ou no processo. Uma maneira de resgatar sua motivação é relembrá-lo de suas metas, trazendo-o de volta ao foco do trabalho.
- **Modelos mentais enrijecidos** – modelos mentais, também chamados de paradigmas, são os filtros que utilizamos para en-

xergar o mundo. Os fatos que ocorrem à nossa volta são muito semelhantes de uma pessoa para outra, mas a forma como são vistos varia muito e isso altera completamente os resultados alcançados. Sucesso e fracasso são dois lados de uma mesma moeda, e o que define a direção é a maneira como o coachee vê a si mesmo e ao mundo. É seu papel ajudar o coachee a questionar seus modelos mentais, de tal forma que veja novos caminhos que já estavam lá antes, mas não eram percebidos. E a melhor forma de realizar isso é através de perguntas, fazendo com que o coachee reflita acerca de suas próprias percepções.

Um bom teste para saber se o Plano de Ação é realizável é pedir para o coachee olhar cada uma das ações que traçou e dar uma nota de 0 a 10 para o quanto o coachee se sente preparado para colocá-las em prática.

Se a nota que ele der for baixa, significa que ele está inseguro quanto à sua implementação. Peça para que ele relate quais são os dificultadores e como poderia contorná-los.

Se o obstáculo for logístico peça para que o coachee crie um plano de ação para removê-lo ou contorná-lo.

Se o obstáculo for emocional, e se o coachee desejar, você pode propor usar uma técnica de role play, realizando uma simulação da situação. Vocês dois vão ensaiar o comportamento que ele repetirá depois da situação real.

Você pode também usar uma técnica de mentalização fazendo com que o coachee construa em sua tela mental a cena dele colocando em prática o plano de ação. Peça para o coachee fechar os olhos, ajude-o a relaxar, e com a voz tranquila vá construindo a cena para ele e fazendo com que ele se aproprie do sucesso de ter alcançado seu objetivo.

Veja que até este momento você está conduzindo o processo de coaching sem introduzir a metodologia da gratidão. O que você fez até agora nessas duas sessões foi construir as bases do trabalho para que ele possa fluir. A maioria dos bons coaches consegue caminhar bem até aqui.

Acontece que daqui em diante os resultados começam a ser lentos e pouco expressivos porque o coachee vai esbarrar nas crenças limitantes, nos sabotadores internos que possui em relação ao dinheiro e não vai obter os resultados poderosos que gostaria em seu processo de transformação.

E é neste momento que você irá se diferenciar de 99% dos coaches que atuam no mercado hoje, porque você entrará com a metodologia da gratidão que vai acelerar o processo e gerar resultados que de outra forma você não conseguiria oferecer para o seu coachee.

Então venha comigo porque eu vou lhe ensinar como começar a implementar a metodologia da gratidão em seu atendimento.

Transformando a Gratidão em hábito

É chegado o momento de você falar ao seu coachee que ele começará a colocar em prática a metodologia da gratidão para acelerar o seu progresso rumo às metas traçadas e a primeira tarefa de casa é providenciar um **Caderno da Gratidão**.

O exercício consiste no seguinte: o coachee vai escolher um caderno que considere especial para ser o seu **Caderno da Gratidão pela Prosperidade Financeira** (ANEXO 17). É importante que lhe seja simpático porque o acompanhará durante todo esse período e possivelmente continuará sendo utilizado por ele durante muito tempo, mesmo depois que encerrar as sessões de coaching.

Peça para que ele evite reaproveitar agendas ou cadernos velhos onde sobraram páginas. É importante que este caderno seja significativo para ele e escolhê-lo ou confeccioná-lo já faz parte do processo de mudança de seu padrão energético.

E o que ele vai fazer com o caderno uma vez escolhido e preparado? Ele vai começar a enumerar todas as bênçãos de sua vida financeira, as que já ocorreram, as que estão presentes hoje e as que começarão a acontecer durante o trabalho de coaching.

O desafio é anotar três agradecimentos ligados à área financeira por dia, e isso ele fará todos os dias a partir de hoje. Isto significa que ao final das oito sessões de coaching que vocês têm pela frente, uma por semana, o que lhes dará oito semanas de trabalho ainda, sua lista de agradecimentos estará no mínimo com 168 itens (3 por dia multiplicado por 8 sessões com 7 dias entre ela: 3 x 8 x 7).

O ideal é que ele não repita o mesmo agradecimento mais de uma vez, porém, se por algum motivo é bem importante para ele repetir porque aconteceu algo significativo, não há problema algum.

A princípio, talvez seja difícil encontrar três agradecimentos por dia, mas conforme for exercitando, perceberá que é capaz de lembrar-se de muito mais que três motivos ligados à área financeira para agradecer.

Explique ao seu coachee que aprender a ser grato é muito poderoso porque a vida nos dá mais do mesmo. Se você agradece pelo dinheiro que recebeu de salário, ainda que esteja ganhando pouco, isso não vai fazer com que o universo entenda que você está feliz e conformado apenas com aquele valor; o que ocorre energeticamente quando você agradece pelo dinheiro, e não importa a quantia, é que mais dinheiro chegará à sua vida; e aí você agradece de novo, e assim sucessivamente.

Quando terminar de escrever os três itens do dia, peça que releia e diga três vezes em voz alta: obrigado, obrigado, obrigado ou se preferir, sou grato, sou grato, sou grato.

Quanto aos motivos para agradecer, ele pode escolher dos mais simples aos mais significativos, os gerais e os específicos, os do seu passado, presente ou as bênçãos que ele sabe que o futuro está lhe reservando, sendo que todos eles devem estar ligados à área financeira de alguma maneira, incluindo o que ele ganhou e o que deixou de gastar, pois ambos colaboram com sua prosperidade.

Veja alguns exemplos de motivos para ser grato ligados à área financeira que podem ocorrer no seu dia a dia e que você deve sugerir a ele:

- Aumento de salário;
- Conquista de um cargo mais elevado na empresa;
- Ganho de bônus e premiações;
- Aumento das comissões;
- Conquista de novos clientes;
- Desconto na parcela de pagamento da casa própria;
- Bolsa de estudo para você ou seus filhos;
- Ganho de milhas aéreas e desconto em rede hoteleira;
- Upgrade em plano de saúde;
- Cupom de desconto para compras em supermercado ou restaurantes;
- Recebimento de herança ou partilha de bens;
- Presentes recebidos;
- Achar moeda ou cédulas no chão;
- Ser sorteado em premiações;
- Conseguir taxas e rendimentos melhores que o habitual em aplicações financeiras.

Quanto maior for a gratidão, mais rápido perceberá as transformações e ganhos em sua vida. Então oriente-o a fazer do **Caderno da Gratidão pela Prosperidade Financeira** um grande companheiro de hoje em diante.

Peça que ele traga o caderno para apresentar a você na próxima sessão.

Além disso, ele já possui um caderno extra que foi solicitado em sua primeira reunião com ele. Esse caderno deve acompanhá-lo em todas as sessões de coaching, pois vocês farão vários exercícios por escrito. Neste caderno ele anotará as metas que traçou, as minimetas, o planejamento para alcançá-las, o cronograma, as tarefas da semana e fará também os exercícios de gratidão que você aplicará durante as próximas sessões.

Isto significa que ele terá dois cadernos que trará nas sessões:
- O caderno da gratidão pela prosperidade financeira;
- O caderno de metas e atividades.
-

> Para que não haja dúvidas quanto à aplicação do Exercício 1, preparei para você um material com a explicação detalhada:
> - Exercício 1: Caderno da Gratidão pela Prosperidade Financeira (ANEXO 17)

Aqui cabe um alerta importante: você, como coach também precisa fazer seu **caderno da gratidão**, porque ensinar algo que não se pratica é no mínimo incoerente e artificial. Mostre o seu caderno para o coachee porque isso reforçará a cumplicidade e sintonia entre vocês.

Despeça-se relembrando quando será a próxima sessão e colocando-se à disposição para auxiliá-lo nesse meio tempo se ele precisar.

Lembre-se que de hoje em diante você estará atuando como Coach da Gratidão o tempo todo, seja nas sessões formais, agendadas, ou nas conversas, feedbacks do dia a dia. Oriente menos e pergunte mais.

Jeff Immelt, sucessor de Jack Welch na GE, diz que "a competência mais importante de um líder na GE é ser um professor." Revela que 40% de seu tempo é usado lidando com coaching e desenvolvimento.

Não pode ser diferente no seu caso. Se você quer desenvolver seres humanos de alta performance, aja como os grandes líderes.

TAREFA COMPLEMENTAR ❶

E para consolidar as aprendizagens como Coach da Gratidão agora é hora de assistir mais um de nossos filmes. O filme deste capítulo é *Meu Nome é Rádio*. Anderson, Carolina do Sul, 1976, na escola secundária T. L. Hanna. Harold Jones (Ed Harris) é o treinador local de futebol americano. Jones conhece um jovem com necessidades especiais, James Robert Kennedy (Cuba Gooding Jr.). Jones se preocupa com o jovem quando alguns dos jogadores da equipe fazem uma "brincadeira" de péssimo gosto, que deixou James apavorado. Tentando compensar o que tinham feito com o jovem, Jones o coloca sob sua proteção, além de lhe dar uma ocupação.

O filme é belíssimo e talvez lhe arranque algumas lágrimas como aconteceu comigo.

Assista com atenção, observe principalmente a atuação do coach.

Nos encontraremos na próxima parte deste livro onde você vai aprender a implementar com os seus coachees a jornada da prosperidade financeira.

TAREFA COMPLEMENTAR ❷

A partir das próximas aulas não teremos tarefas de casa específicas; no entanto você ainda terá a tarefa de assistir mais alguns filmes que trabalharão seu mindset financeiro e, portanto, o ajudarão a estar preparado para auxiliar o seu coachee. São eles:

1. GÊNIO INDOMÁVEL: em Boston, um jovem de 20 anos (Matt Damon) que já teve algumas passagens pela polícia e servente de uma universidade, revela-se um gênio em matemática e, por determinação legal, precisa fazer terapia, mas nada funciona, pois ele debocha de todos os analistas, até se identificar com um deles.

Esse longa-metragem é para aquelas pessoas que têm algum talento, mas não se acham dignas de sucesso. Ele vai inspirar você a mostrar que é competente.

2. O DIABO VESTE PRADA: Andrea Sachs (Anne Hathaway) é uma jovem que conseguiu um emprego na Runaway Magazine, a mais importante revista de moda de Nova York. Ela passa a trabalhar como assistente de Miranda Priestly (Meryl Streep), principal executiva da revista. Apesar da chance que muitos sonhariam em conseguir, logo Andrea nota que trabalhar com Miranda não é tão simples assim.

Você vai aprender com esse filme que ser um profissional extraordinário é a maior garantia que há para a evolução da carreira. E vai descobrir que é possível realizar qualquer meta a que se propuser, pois é uma pessoa vencedora.

3. JERRY MAGUIRE: a grande virada: Jerry Maguire (Tom Cruise) é um agente esportivo bem-sucedido no ramo, mas numa noite escreve uma declaração de 25 páginas que sugere que os agentes tenham menos clientes e passem a usar um tratamento mais humano para com eles. Este fato provoca sua demissão em um curto espaço de tempo e ele começa a perder de uma só vez todos os seus clientes, sendo obrigado a concentrar toda a sua energia e potencial em seu único cliente, um temperamental jogador negro de futebol americano (Cuba Gooding Jr.).

Você vai aprender que o trabalho de um líder inclui mudar as atitudes e o comportamento das pessoas e que o sucesso é algo que ocorre primeiro dentro de você.

4. HOMENS DE HONRA: Carl Brashear (Cuba Gooding Jr.) veio de uma humilde família negra, que vivia em uma área rural em Sonora, Kentucky. Ainda garoto, no início dos anos 1940, já adorava mergulhar, sendo que quando jovem se alistou na Marinha esperando se tornar um mergulhador. Inicialmente Carl trabalha como cozinheiro que era uma das poucas tarefas permitidas a um negro na época. Quando resolve mergulhar no mar em uma sexta-feira acaba sendo preso, pois os negros só podiam nadar na terça-feira, mas sua rapidez ao nadar é vista por todos e assim se torna um "nadador de resgate", por iniciativa do capitão Pullman (Powers Boothe). Quando Brashear solicita, a escola de mergulhadores encontra o comandante Billy Sunday (Robert De Niro), um instrutor de mergulho áspero e tirânico que tem absoluto poder sobre suas decisões. No princípio Sunday faz muito pouco para encorajar as ambições de Brashear e o aspirante a mergulhador descobre que o racismo no exército é um fato quando os outros aspirantes brancos – exceto Snowhill (Michael Rapaport), que por isto foi perseguido por Sunday – se negam a compartilhar um alojamento com um negro. Mas a coragem e determinação de Brashear impressionam Sunday e os dois se tornam amigos quando Brashear tem de lutar contra o preconceito e a burocracia militar, que quer acabar com seus sonhos de se tornar comandante e reformá-lo.

Com este filme você aprenderá que acaba atraindo aquilo que teme, portanto, seja grato e vigie seus pensamentos e suas emoções.

Você deve assistir um filme por semana, na ordem que eu vou apresentar.

Agora vamos seguir para o capítulo 12 onde você aprenderá a implementar a jornada pela prosperidade financeira em suas sessões com o coachee.

SÉTIMA PARTE

A jornada da Prosperidade Financeira

> "Tudo o que a mente humana pode conceber, ela pode conquistar."
>
> Napoleon Hill

CAPÍTULO 12

3ª A 10ª SESSÃO

Reforçando os alicerces e modificando velhas estruturas

3ª SESSÃO

Na terceira sessão, o coachee vai relatar o que colocou em prática e quais foram seus resultados. Provavelmente trará o **caderno da gratidão** para mostrar a você, como foi combinado.

Comemore cada pequeno progresso, ainda que ele não tenha conseguido colocar o plano de ação 100% em prática.

Faça com que ele avalie quais foram suas vitórias e o que precisa reformular.

Utilize duas técnicas principais para isso:

- Perguntas poderosas: o que, como, onde?
- Técnica do gravador: repita para ele frases significativas que ele disse, imediatamente após ter dito, para que ele possa SE OUVIR! Parece incrível, mas a maioria das pessoas não se ouve e ele precisa se dar conta do que está dizendo para perceber onde errou, o que precisa mudar, e quais modelos mentais o estão paralisando.

A seguir, trabalhe com ele o próximo plano de ação. Lembre-se que metas só podem ser negociadas para cima, nunca para baixo. Se a meta foi mal avaliada e está grande demais, faça com que o coachee divida-a em minimetas, mas não abra mão do tamanho da meta que foi traçada, ainda que ela exija um tempo maior para ser alcançada.

No entanto, ele não vai alcançar as metas financeiras que foram traçadas se ignorar as amarras emocionais que estão atuando há anos em sua vida, impedindo-o de prosperar.

E como eu sei que elas existem em seu coachee? Porque se não existissem, ele não teria procurado a sua ajuda para melhorar financeiramente.

O que nós vamos fazer nesta terceira sessão com o coachee, além de acompanhar o seu progresso e traçar novo plano de ação para a próxima semana é examinar suas velhas estruturas emocionais e reforçar os novos alicerces que estamos implantando com a ajuda da metodologia da gratidão.

Nossa mente, como uma casa, possui alicerces. Estes alicerces são os pensamentos que temos e achamos que são verdadeiramente nossos.

Porém, na maior parte das vezes estes pensamentos são somente repetições de padrões que aprendemos em nossa infância, com nossos pais, irmãos, professores, e outros adultos que tomamos como figuras de autoridade. Aprendidas desde pequenos, dificilmente questionamos se estas ideias são verdades absolutas – verdades para todos – ou se só são válidas dentro do meio em que vivemos.

Podemos citar os seguintes exemplos de verdades absolutas até o presente momento, o que não significa que isso não mude com o avançar da ciência: "o ser humano precisa de oxigênio para se manter vivo"; "todos vamos morrer um dia". Exemplos de verdades válidas só para um grupo social ou familiar: "podemos comer de tudo e não vamos engordar" (válido para quem tem um metabolismo acelerado, por exemplo); ou "todas as crianças devem ser batizadas ao nascer" (pergunte a um budista sobre isto).

O nosso cérebro funciona igual a um computador. O que recebemos de informações através do que ouvimos, vemos, experimentamos (mente consciente) servem para "alimentar de informações" o nosso cérebro. A nossa mente subconsciente não julga o que recebe. Ela somente aceita e faz de tudo para cumprir as ordens do consciente.

Se uma mãe amada ou alguém que enxerguemos como uma autoridade (um professor, por exemplo) nos diz: "lave as mãos porque mexeu em dinheiro", nosso subconsciente entende que o dinheiro é sujo e deve ser evitado. Ele fará de tudo para cumprir a função de nos deixar longe do dinheiro. A culpa não é de quem nos ensinou, pois também foram ensinados assim. O problema reside no fato de que aquilo que escutamos das pessoas amadas e respeitadas ou de figuras de autoridade tendem a ser como ordens para o nosso subconsciente, formando nosso alicerce.

A depender dos "alicerces" que temos, podemos ter uma mente voltada para a prosperidade, para uma vida mediana ou para uma vida de escassez, ou mesclar os padrões, vivendo altos e baixos financeiros.

T. Harv Eker, em seu livro *Os Segredos da Mente Milionária*, nos ensina que "o meu mundo interior cria o meu mundo exterior." Cada um tem seu "modelo de dinheiro", que, na prática, é a sua programação mental (seu alicerce) em relação às finanças.

O primeiro fator que cria esta programação mental é aquilo que ouvimos desde a mais tenra infância em relação ao dinheiro e às pessoas ricas, o valor das coisas e impostos. Quantas vezes você ouviu:

- Dinheiro é sujo!
- Com esta porcaria de dinheiro não dá para fazer nada!
- Esse governo nos tira tudo em impostos.
- Sou honesto, nunca serei rico.
- O dinheiro é a causa de todos os males.

Frases como estas simplesmente programaram milhares e milhares de pessoas para viverem na escassez, já que tinham que evitar o dinheiro (sujo, porcaria e causador de males), odiar impostos (que nos levam o dinheiro), e odiar os ricos (desonestos). Comigo e com você certamente não foi diferente. Estas programações são chamadas também de crenças limitantes, pois limitam realmente o nosso desenvolvimento financeiro e nossa prosperidade.

É importante então que você identifique junto com o seu coachee quais são as crenças limitantes e pensamentos sabotadores que estão dificultando a prosperidade financeira do seu coachee. Então peça que ele responda o Formulário de Identificação de crenças limitantes e sabotadores (ANEXO 10).

O que preciso que você entenda, primeiramente, é que dinheiro é energia. E como você já sabe, energia se propaga em ondas, e temos que alinhar estas ondas (lembre-se do pensamento + sentimento + ação) para que você possa se conectar com as oportunidades que estão à sua volta e a prosperidade entre em sua vida.

Quanto aos impostos, vamos seguir o mesmo raciocínio. Eles são taxados sobre a renda que você tem, ou sobre bens que possui ou adquire. Portanto, pare de reclamar olhando os impostos, e comece a agradecer pelo que tem! Um amigo meu, advogado, ao me ouvir reclamar sobre ter que pagar IPTU, anos atrás, disse-me: "Se não quer pagar ou não tem como pagar, venda o imóvel, pois você não o merece." Juro, nunca mais reclamei!

Sobre os ricos, esta é mais uma crença limitante que devemos mudar. Adianto aqui que em sua maioria, eles são pessoas honestas e confiáveis, ou não conseguiriam estar aonde estão, porque não há mal que para sempre perdure, e como já vimos, pessoas ricas sabem exercitar a gratidão, a generosidade e o ganha-ganha de forma exemplar. Ou você aprende a admirar pessoas ricas ou jamais conseguirá ser uma delas. E por que é importante que você seja uma delas? Para gerar mais riqueza para o mundo e auxiliar o maior número possível de pessoas em sua caminhada.

Então agora vou lhe ensinar o segundo exercício de gratidão para a prosperidade financeira (lembrando que o primeiro exercício foi o Caderno da Gratidão), que você vai realizar com o seu coachee neste terceiro atendimento.

O nome do exercício é: **Mudança de Programação Verbal para construção de alicerces sólidos** (ANEXO 18).

Vamos começar o exercício pela fase que chamamos de **Conscientização.**

Coloque uma música relaxante na sala, diminua um pouco a luz, peça para o seu coachee fechar os olhos, respirar fundo e lembrar-se de sua infância. Então peça para que ele lembre de frases que seus pais, familiares e educadores usavam em relação ao dinheiro. Oriente para que ele preste atenção na sensação que ele sente ou nas ideias que lhe vêm à mente quando lembra destas frases.

Se ele disser que as recordações estão confusas, que não lembra bem quem dizia as frases que vêm à sua mente, diga a ele que não importa quem disse. Ele só precisa lembrar de frases que aprendeu sobre dinheiro há muitos anos, na infância, adolescência ou até juventude.

Algumas vezes o coachee simplesmente se recusa a lembrar dessas frases porque tem a sensação que está julgando e condenando seus pais de alguma forma.

Respeite os limites dele. Permita que ele produza recordações na medida em que estiver preparado para deixá-las vir à tona.

Agora peça para o coachee abrir os olhos e anotar em uma folha as frases que lhe vieram à lembrança, aquelas que ele ouvia sobre dinheiro, riqueza e pessoas ricas em sua infância.

Agora, anote numa folha de papel. Se lembrar de quem as pronunciava, anote ao lado, junto com os sentimentos ou pensamentos que desencadearam.

A seguir vamos entrar na segunda etapa do exercício que é a do entendimento. Você vai pedir para que ele anote como essas frases vêm afetando sua vida financeira até hoje.

Veja bem, cada um que nos ensinou acreditava que isto era verdade. Estavam nos dando o melhor que eles podiam, portanto, nesta terceira etapa do exercício vamos fazer a <u>neutralização</u>.

Você vai ajudar o coachee a neutralizar qualquer sentimento de rancor que porventura venha a aparecer em relação a quem plantou essas crenças limitantes em sua mente, pedindo para que ele feche os olhos novamente e repita a seguinte frase:

"(Fulano de tal – pai, mãe, professor, tio, avô) sou grato por ter me ensinado suas verdades em relação ao dinheiro. Sei que você me ensinará agora novas verdades para que minha vida seja próspera."

A seguir, você vai entrar com o seu coachee na fase de **dissociação**.

Peça para que ele abra os olhos, olhe as frases novamente e pergunte: "Você percebe que esses pensamentos não são você? E que tem opção de ser diferente?"

Ainda que ele não saiba como fazer diferente, tenderá a concordar com você. Então peça para que ele escreva, ao lado de cada frase, uma nova frase positiva e neutralizadora da frase anterior. Por exemplo, no lugar de "Dinheiro é sujo" escreva: "O dinheiro é o responsável por tudo de belo e bom que vemos e temos no mundo."

Ao invés de: "Com esta porcaria de dinheiro não dá para fazer nada" substitua por: "O dinheiro é uma bênção na vida das pessoas."

Troque a frase: "Esse governo nos tira tudo em impostos" pela frase: "Impostos mostram o quanto eu sou próspero."

E mude a frase: "Sou honesto, nunca serei rico" para: "Ricos são honestos e merecedores do fruto de seu trabalho."

E assim por diante.

A seguir entramos na fase do exercício que chamo de **ancoragem positiva**.

Peça para que seu coachee feche os olhos novamente e volte a lembrar da pessoa ou pessoas da qual ouviu a primeira frase limitadora que ele anotou na folha. Você pode ler a frase para ele.

Então diga que ele deve imaginar esta pessoa com detalhes. E ele vai ver e ouvir esta pessoa falando para ele as novas frases empoderadoras que ele mesmo criou. Você pode auxiliá-lo lendo a nova frase. No início vai até dar uma sensação de estranheza imaginar por exemplo a sua mãe que sempre dizia que o dinheiro era sujo dizendo "O dinheiro é o responsável por tudo de belo e bom que vemos e temos no mundo."

Você pode dizer a ele neste momento: "Sei que soa estranho imaginar sua mãe falando essas coisas tão diferentes, mas lembre-se que você controla seus pensamentos e não o contrário, então imaginar sua mãe falando isso é só uma questão de escolher e dar a ordem ao seu cérebro."

E logo depois dele imaginar a mãe ou o pai dizendo aquela frase, deve repetir a mesma frase em voz alta, ainda de olhos fechados.

Vá conduzindo o exercício de tal forma que ele faça isto para cada mensagem que precise mudar a programação mental. O que vocês estão fazendo é substituir suas crenças limitantes por outras que lhe darão alicerces sólidos para a prosperidade.

Faça com que ele repita cada uma das novas frases empoderadoras quantas vezes sentir necessidade lembrando sempre de imaginar que elas estão sendo ditas por pessoas significativas em sua vida.

Finalize pedindo para que ele diga: "Sou grato a você (mãe, pai, etc.) por me dar os alicerces para uma vida próspera. Opto por adotar novas formas de pensar que contribuam para minha felicidade e sucesso."

Assim que ele abrir os olhos, esclareça que a mente é incapaz de diferenciar o real do imaginário, então para ela será como se aquela pessoa significativa em sua vida estivesse agora ensinando uma nova lição, e isso terá um poder enorme sobre a sua relação com o dinheiro.

Se você perceber que o seu coachee ainda não entrou em contato profundo com as crenças limitantes e sabotares que adquiriu na infância e na adolescência, e se ainda houver tempo nesta sessão, faça ainda com ele o exercício 3 denominado **Ressignificando crenças limitantes e sabotadores**.

Peça para que ele anote no caderno de tarefas algumas de suas crenças limitantes, especialmente aquelas que mais o atrapalham no momento.

Ao dispor essas crenças em sua frente, peça para que ele faça o possível para entender qual a causa de cada uma delas. Ele deve relembrar situações, buscar na memória e tentar encontrar a raiz do problema e ele também deve anotar no caderno.

A seguir, peça para que ele defina os objetivos que pretende com esse processo. Qual será o destino que quer chegar ao eliminar essa crença limitante? Por que é fundamental que ela deixe de existir? Motive-o e faça com que também anote isso.

Peça para que ele crie, a partir desse ponto, uma crença fortalecedora, trocando aquela frase ou situação negativa por uma que lhe dará forças para continuar lutando até atingir o objetivo que determinou. E isso também precisa ser anotado.

Como tarefa de casa, oriente seu coachee a continuar insistindo nessa ideia, naquilo que passou a acreditar, até que essa crença fortalecedora se torne um hábito em sua vida!

As perguntas-chave para questionar a crença limitante e ajudar a construir as crenças fortalecedoras são:
- Por que eu acredito nisso?
- Isso é verdade?
- O que poderia me acontecer se eu não acreditasse nisso?

Uma vez concluído este segundo exercício de enfraquecimento de crenças limitantes e substituição por crenças fortalecedoras, relembre com ele a tarefa da semana que traçaram em relação ao alcance da meta financeira, reforce a importância de fazer o caderno da gratidão para a prosperidade financeira todas as noites e coloque-se à disposição para auxiliá-lo caso ele tenha alguma dúvida antes do próximo encontro.

> Nesta aula você vai precisar aplicar em seu coachee um formulário e 2 exercícios.
> São eles:
> - Formulário de Identificação de crenças limitantes e sabotadores.
> - Exercício 2: Mudança de Programação Verbal para construção de alicerces sólidos (ANEXO 18)
> - Exercício 3: Ressignificando crenças limitantes e sabotadores (ANEXO 19)

Parabéns! Você acaba de concluir mais uma sessão de atendimento transformadora com o seu coachee.

Siga comigo que eu vou lhe preparar para a 4ª sessão de atendimento.

Ressignificando exemplos e substituindo modelos

4ª SESSÃO

Na quarta sessão, mais uma vez o coachee vai relatar o que colocou em prática e quais foram seus progressos. Pergunte se ele continua fazendo o **caderno da gratidão** e reforce a importância dele levar bem a sério esta tarefa, que é a maior aliada para a mudança de foco e de padrão energético na vida dele.

Comemore cada progresso, faça com que ele avalie quais foram suas vitórias e o que precisa reformular.

Informe que vocês vão conversar sobre o segundo fator que cria a nossa programação mental e algumas de nossas crenças limitantes, os exemplos.

Uma das formas de aprendermos a ser quem somos e fazer o que fazemos hoje é através dos exemplos, que vieram das pessoas que eram nossos modelos – pais, avós, tios, professores, etc. Este é o segundo tipo de influência que nosso subconsciente recebe. Aprendemos desde cedo por imitação. Se o que ouvimos são os alicerces, podemos dizer que os exemplos são as paredes que vão sendo levantadas na construção de nossa programação mental.

Quem já viu o filme *Forest Gump* poderá lembrar de várias cenas, onde o personagem preserva a inocência infantil e faz algumas coisas que chamam a atenção: escuta tudo o que a mãe e seus amigos dizem como verdades, e os obedece ao pé da letra (influência do que escutamos), e imita os padrões das pessoas com quem convive, e com isso torna-se um excelente soldado, campeão de ping-pong, pescador e assim por diante, mesmo com um raciocínio infantil.

No nosso cotidiano também tomamos como modelo pessoas em quem confiamos e em quem nos espelhamos. Rimos como nosso pai, andamos como nossa mãe, nos sentamos com a perna cruzada como o tio, e assimilamos sem perceber suas atitudes em relação ao dinheiro e as reproduzimos até hoje!

Certo aluno de um de meus cursos relatou que suas maiores dificuldades eram controlar o próprio dinheiro e sair com mais de 100 reais na carteira. Contou-me que até se casar era a mãe que controlava todo o dinheiro da casa, e ela dava somente 100 reais para ele e 100 reais ao seu pai para passarem a semana. Quando se casou, pediu à esposa que fizesse o controle financeiro, e lhe separasse um montante semanal. Ela sempre lhe dava 200 reais, e ele não conseguia levar todo o dinheiro, sentindo como se não lhe pertencesse!

Outra aluna, que vinha de família humilde, passou a infância usando roupas de segunda mão, que a avó cuidadosamente procurava para ela em brechós de igreja e bazares beneficentes. Já adulta, mesmo tendo uma posição financeira confortável, via-se entrando em brechós e bazares, repetindo os passos de sua avó à procura de roupas para si mesma, e sentia-se mal em entrar numa loja de shopping, por exemplo.

Eu também fui vítima deste tipo de exemplo. Meu pai era estivador do porto de Santos e minha mãe, dona de casa. Vivíamos com o salário modesto de meu pai, que era administrado por minha mãe. Ela, por sua vez, não media esforços para economizar, a fim de poder oferecer para mim o melhor padrão de vida possível.

Lembro-me como se fosse hoje da minha mãe secando a única calça jeans que possuía atrás da geladeira, e assim evitando comprar outra, para economizar para as minhas roupas. Não, eu nunca tive apenas uma calça jeans, nem as sequei atrás da geladeira, mas tive que lutar muito para me sentir merecedora de comprar alguma coisa para mim, e não apenas para os meus filhos.

O curioso é que os exemplos fazem com que assumamos comportamentos que não vimos nossos pais utilizarem, mas que são extrapolações do que presenciamos. Vou explicar: na minha cabeça de criança, vendo a minha mãe ser tão parcimoniosa para comprar roupas e presentes para si mesma, devo ter ficado com a leitura de que era necessário economizar em cada pequeno detalhe, porque o dinheiro poderia faltar.

Essa é a melhor explicação que encontro para até bem pouco tempo atrás eu praticamente estuprar o tubo de pasta de dentes para tirar de lá de dentro até o último suspiro de pasta. Nunca vi meus pais fazendo isso, mas imagino que foi a forma que eu encontrei de não desperdiçar recursos que custaram dinheiro. Não estou dizendo que devemos desperdiçar recursos, mas existe o limite do bom senso do quanto é razoável espremer um tubo de pasta de dentes e até bem pouco tempo atrás eu não me dava conta que exagerava, embora eu nunca tenha enfrentado nenhum tipo de dificuldade financeira em minha vida adulta.

Estes exemplos são repetidos inconscientemente por muitos anos ou uma vida inteira, e podem estar neste momento prejudicando a prosperidade financeira de seu coachee. Nos três casos que citei, meus dois alunos e eu não nos achávamos merecedores de termos mais do que aquilo que ficou gravado em nossas mentes, ou seja, 100 reais na carteira, roupa de brechó e presentes para os filhos. Eles não se davam novas oportunidades, pois simplesmente não tinham ninguém que lhes desse novos modelos ou exemplos para seu subconsciente. E eu precisei fazer um esforço consciente para mudar esse padrão em minha vida. Estes comportamentos limitados são chamados de comportamentos sabotadores e normalmente são alimentados por pensamentos sabotadores.

Para mudarmos estes comportamentos sabotadores teremos que apagar os exemplos antigos e colocar modelos ou exemplos novos.

É importante que você deixe claro para o coachee que ele não precisa se preocupar se não tiver uma pessoa de carne e osso para usar de exemplo. Para o nosso cérebro, a imaginação é tão real quanto o que vivemos. Isto significa que nós podemos usar a criatividade para visualizar aonde queremos chegar.

O que aconteceu com ele até agora não é o que vai definir o seu futuro, e sim a maneira como ele vai reagir a tudo que aconteceu. Diga a ele que sua vida pode ser diferente, que ele não deve lamentar pelo passado, e sim construir pessoalmente o futuro que deseja e que você está ali para auxiliá-lo.

Então na sessão de hoje você vai realizar com ele o exercício 4: **Modificando exemplos**.

Comece o exercício pela fase de **conscientização**, onde você vai pedir para que o coachee busque se lembrar dos exemplos de comportamento em relação ao dinheiro e seu uso, que teve dos adultos que lhe cercaram na infância.

Peça para que ele liste por escrito em que aspectos ele se considera igual a cada um de seus pais ou o seu oposto.

Depois você vai para a fase do **entendimento**. Peça para que o coachee escreva sobre o efeito que esse exemplo vem causando na sua vida financeira.

Peça para que o coachee analise se estes são comportamentos sabotadores, se ele os repete e se estão prejudicando sua prosperidade financeira. Alguns exemplos que ele pode estar repetindo hoje:

- Um parente que sempre que tinha um dinheiro sobrando metia-se numa sociedade ou negócio novo, e acabava por perder tudo e se colocar em dívidas;
- Uma parente que toda vez que se chateava – com alguém, com o emprego – voltava carregada de sacolas de compras para casa, por impulso;
- Um parente que sempre xingava e dizia que ganhava uma miséria quando olhava seu contracheque;
- Um parente que sempre atrasava os pagamentos das contas e fugia de credores;
- Um parente que "torrava" o dinheiro em saídas com amigos e vivia pedindo emprestado para pagar contas.

A seguir diga para que ele anote cada comportamento sabotador que identificar em seu próprio comportamento.

Depois peça para que ele leia em voz alta o que escreveu e responda na folha, ao lado de cada comportamento:
- É bom para mim continuar fazendo isto? Sim/não?
- O que acontece quando eu repito este comportamento?
- Como eu me sinto?
- Qual a consequência para os que convivem comigo?

Deixe-o anotar tudo o que for se lembrando. Talvez ele perceba com rapidez o quanto seu comportamento hoje está espelhando os exemplos da infância, ou talvez ele tenha até feito o contraponto dos exemplos que viu, por ter ficado muito incomodado com o que presenciava.

A próxima etapa do exercício é a da **dissociação**. Pergunte a ele o seguinte: "Você consegue perceber que tem a opção de ser diferente agora?"

Assim que ele disser sim, peça para que ele escreva na folha:

"SOU GRATO POR VER QUE (DESCREVA O COMPORTAMENTO) NÃO É MAIS NECESSÁRIO EM MINHA VIDA."

Agora que o seu coachee já descreveu seu comportamento e suas consequências, e agradeceu pelo aprendizado, vamos ao próximo passo. Lembre-se: nosso objetivo é alinhar seus pensamentos + sentimentos + ação para "construir novas paredes" de pensamentos prósperos.

Vamos entrar na fase de **ancoragem positiva**. Você vai agora pedir para que ele feche os olhos para pensar ou imaginar o que pode fazer de diferente em relação àquele comportamento nocivo. Exemplos: quando tiver dinheiro sobrando, vou colocar numa poupança ou investimento; analisar prós e contras antes de querer entrar numa sociedade; se quiser entrar numa loja por impulso, perguntar a si mesmo se realmente precisa daquilo; olhar o contracheque e agradecer pelo salário que entrou; pagar as contas em dia; separar 10% do seu ganho mensal para diversão e respeitar este limite.

Assim que ele tiver imaginado o novo comportamento, peça para que abra os olhos e descreva no papel seu novo comportamento (ação) e como se sente imaginando-se ao agir desta forma (sentimento).

Uma vez anotado ele fecha os olhos e se imagina como descreveu.

Ainda de olhos fechados peça para que ele repita a frase:

"EU SOU GRATO POR ESCOLHER FAZER (DESCREVA AQUI O NOVO COMPORTAMENTO), POIS SEI QUE SOU MERECEDOR DE PROSPERIDADE FINANCEIRA EM MINHA VIDA!"

> Nesta aula você vai aplicar em seu coachee o seguinte exercício:
> - Exercício 4: Modificando exemplos (ANEXO 20)

Parabéns! Você acaba de ajudar o seu coachee a alinhar pensamento, sentimento e ação e ele está pronto para mais uma semana rumo às suas metas de prosperidade financeira!

Nos encontraremos a seguir para aprender o que será feito na 5ª sessão.

O impacto das experiências e dos cinco sentidos

5ª SESSÃO

Comece a sessão 5 da mesma forma que as anteriores: ouvindo os relatos do coachee sobre seus progressos, checando se ele continua fazendo o caderno da gratidão pela prosperidade financeira e reforçando seus acertos.

Combine o plano de ação para a próxima semana e informe que desta vez vocês vão conversar sobre as nossas próprias experiências em relação ao dinheiro. Além dos alicerces que recebemos e das atitudes que repetimos, as experiências que vivenciamos são importantes pela interpretação que damos a elas, pois iremos repetir padrões de comportamento quando experiências semelhantes acontecerem.

Se continuarmos a comparar a uma construção, podemos dizer que as experiências são como a massa corrida que passamos na parede crua: ela só pode entrar em cena quando alicerces e paredes foram devidamente erguidos.

Experiências significativas ficam marcadas em nosso subconsciente, e o padrão de resposta torna-se automático. Da mesma forma que não questionamos os ensinamentos de pessoas importantes em nossa vida, também não costumamos questionar as atitudes automáticas que temos frente a acontecimentos semelhantes que vivenciamos e nos marcaram.

Um aluno de meu curso conta que, anos atrás, toda vez que ia pagar uma conta no caixa do banco, sentia-se mal-humorado assim que pisava na agência, e seu mau humor aumentava à medida que o tempo passava na fila do banco. Quando chegava em frente ao atendente de caixa não conseguia se conter, e sempre era ríspido com a pessoa, que o atendia secamente. Ele não sabia explicar o motivo de sua atitude, dizia que era mais forte que ele, e isso o constrangia muito. Um certo dia, ao chegar à boca do caixa, a atendente o recebeu com um sorriso e um "bom dia" antes mesmo que ele pudesse abrir a boca. Em seguida ela disse:

– Nada como poder pagar uma conta em dia, não é, senhor?

Isso o desarmou por completo. Ao voltar para casa lhe veio a recordação de seu início de vida adulta, aonde ganhava mal e a cada conta que pagava via seu salário se esvair, sentindo-se lesado. Percebeu que era exatamente o mesmo sentimento que tinha quando entrava no banco para pagar contas, ainda que naquele momento atual sua situação financeira fosse mais confortável do que no seu início de vida. A partir da fala daquela atendente entendeu que não precisava mais ter aquele sentimento negativo.

Este mesmo aluno, ao iniciar o curso A Gratidão Transforma, deu-se conta que além de deixar de ser ríspido deveria agradecer – como sugeriu brilhantemente a atendente do caixa – por ter condições de pagar suas contas e em dia! Daí em diante, a partir do momento em que pegava o boleto para pagar, agradecia por ter condições financeiras para saldar seus débitos, e usufruir de uma série de confortos pelos quais estava pagando.

Outra aluna de um de meus cursos relatou que sempre chegava ao final do mês sem dinheiro, e acabava por pedir emprestado aos pais, que a socorriam financeiramente. Ela não se conformava, pois tinha uma boa remuneração por seu trabalho, e gastava compulsivamente, até ver-se zerada mensalmente. Fazendo um exercício de visualização, lembrou-se de uma cena da adolescência, em que seu irmão dizia que sua mesada sempre era maior do que a dela, pois "torrava" todo o dinheiro e os pais lhe cobriam as despesas, enquanto ela guardava o que recebia por meses, para gastar com parcimônia em algo que lhe agradasse. Naquele dia ela sentiu-se uma verdadeira otária perante seu irmão, e movida pela raiva, daí em diante começou a fazer o mesmo que ele, hábito que perdurava até aqueles dias.

Durante o exercício ela percebeu que não precisava mais gastar o dinheiro compulsivamente para igualar-se ao seu irmão adolescente (que se tornou um adulto responsável assim que começou a bancar as próprias contas). Ao fazer o curso da Gratidão percebeu que podia ser grata por seu padrão natural de ser econômica, e que não era nenhuma "otária" por isso. Contou-me, meses depois, que além de não terminar o mês zerada, já estava economizando dinheiro e planejava juntar para comprar seu primeiro imóvel.

Como você pôde perceber, algumas experiências falam mais alto do que nosso próprio padrão, e adquirimos atitudes, hábitos que nos prejudicam.

Podemos mudar e ressignificar estas experiências, através da gratidão, para que entremos ou voltemos à estrada da prosperidade.

E o que é ressignificar? É dar um novo significado para algo que aconteceu no passado, contar a história vendo-a por um outro ângulo, e mudar a partir daí as respostas que daremos para experiências semelhantes.

Então, depois de explicar como isso acontece, você vai aplicar nosso exercício 5 da gratidão denominado: **Mudança de Episódios Específicos**.

Neste exercício você vai ajudar o seu coachee a voltar para situações que iniciaram maus hábitos em relação ao dinheiro, tanto na forma de ganhar como na forma de gastar, originados por alguma experiência negativa que ele tenha vivenciado.

Comece pela fase de **conscientização** pedindo para que ele escreva uma experiência negativa em relação ao dinheiro que teve. Peça para que ele descreva o que aconteceu, com quem estava, como se sentiu naquela ocasião. Exemplo: ter sido promovido em seu primeiro emprego e não ter conseguido atender às expectativas de seu superior, perdendo o cargo e o aumento de salário. Sentiu-se envergonhado perante os colegas, incapaz de enfrentar novos desafios e desvalorizado por ter perdido a promoção.

A seguir entre na fase do **entendimento** pedindo para que ele compare com o que faz hoje em situações semelhantes, tanto nas ações, quanto nos sentimentos que tem. Exemplo: perceber que sempre sai do emprego antes de ser promovido, sentindo-se com medo das novas responsabilidades, e perceber que se sente igual ao seu primeiro emprego.

Peça para que ele escreva sobre como esse episódio pode ter afetado sua vida financeira atual.

Em seguida, você vai partir para a fase da **dissociação**. Pergunte a ele: "Você consegue perceber que pode ser diferente agora?"

Assim que ele confirmar, peça para que ele feche os olhos e reflita sobre o que aprendeu com este hábito negativo e o que pretende fazer diferente de hoje em diante. Estamos fazendo a **ancoragem positiva**.

De olhos abertos, oriente para que ele escreva: "Agradeço por ter aprendido hoje que (anulação do velho hábito anterior, exemplo: não preciso mais ter medo de novos desafios) e sou capaz de (descreva sua nova atitude, exemplo: conquistar novos patamares profissionais porque me preparei e sou merecedor)."

Incentive-o a agradecer pelo aprendizado e depois ele se comprometerá consigo mesmo. Deixe como tarefa de casa o seguinte: cada vez que a situação se repetir, ele conscientemente tomará a nova atitude descrita agora.

No caso do exemplo 1 que dei aqui, o meu aluno da fila do banco pagará a conta agradecendo por ter o dinheiro suficiente e sendo educado com o atendente do caixa. No segundo exemplo que dei a minha aluna irá separar o dinheiro para as despesas mensais, devolverá mensalmente uma quantia fixa para os pais e quitará suas dívidas.

Combine com o coachee o que ele fará diferente quando se deparar com a velha situação que estava ancorada num episódio específico negativo.

Oriente-o também para agradecer cada vez que realizar este novo comportamento.

Encerre relembrando sua meta da semana e incentivando-o a fazer o caderno da gratidão pela prosperidade financeira.

Nesta aula você vai aplicar em seu coachee o seguinte exercício:
- Exercício 5: Mudança de episódios específicos (ANEXO 21)

Equilibrando ganhos e gastos e promovendo a mudança de hábitos

6ª SESSÃO

Você já sabe exatamente como proceder com o seu coachee no início da sessão, então vamos logo aprender o exercício de reprogramação mental para a prosperidade que você fará hoje.

A sua missão hoje é fazer com que seu coachee entenda que enriquecer está diretamente ligado com o montante de dinheiro que você gera e quanto disso é capaz de guardar.

Vamos fazer juntos aqui algumas reflexões para que você possa repeti-las para o seu coachee, com seus próprios exemplos de vida, é claro.

Quando eu era mais jovem e tinha uma condição financeira bem menos confortável, imaginava que as pessoas ricas ganhavam muito dinheiro e gastavam ao seu bel-prazer, vivendo num paraíso.

Não conseguia conceber o dinheiro vindo de outra forma que não fosse trabalho duro, suado, matando um leão por dia. E na minha experiência nunca sobrava dinheiro para poder gastar como quisesse. Isso era frustrante e era o que eu tinha por realidade.

Durante meus mais de 25 anos de formação, li muito sobre prosperidade, e comecei a me dar conta que as pessoas ricas conseguiam fazer dinheiro gerar mais dinheiro, a partir de um determinado momento, sem terem que matar o tal leão por dia. Não significa que elas não fizessem mais nada e o dinheiro crescesse como se tivesse posto fermento. Elas ainda gerenciavam seu capital, mas o montante inicial havia sido gerado muito antes para elas estarem naquele patamar de prosperidade.

Também tinha aquela falsa ideia de que ganhando pouco eu nunca teria como guardar dinheiro e que só quem ganhava muito poderia fazer isso. Essa crença limitante também foi totalmente eliminada durante meus estudos. Descobri algo que não me passava pela cabeça: não importa o quanto você ganha, mas o quanto você guarda.

Lendo o livro do Carlos Wizard Martins, *Desperte o Milionário que Há em Você*, sobre a sua trajetória, me deparei com um trecho que não me saiu da cabeça por muitos dias. Ele contava que quando a rede Wizard completou 10 anos de existência ele resolveu fazer um megaevento em Orlando, na Flórida, para comemorar em alto estilo, premiando colaboradores e promovendo palestras e workshops. Porém, após a realização do evento, ainda no quarto do hotel, nos Estados Unidos, sua esposa o indagou do motivo pelo qual estava "tão entusiasmado e empolgado". Ele respondeu que há 10 anos encontrava-se desempregado e naquele momento tinha uma escola que gerava milhares de empregos, educava muita gente, entre outras coisas. Ela lhe perguntou então se ele sabia o quanto tinham na conta bancária naquele momento. Ele respondeu que não. E foi aí que ele entrou em choque ao descobrir que após 10 anos tinha exatos 3 mil reais em conta. Confesso que eu também fiquei abismada: "Como assim, uma grande franquia render ao dono somente 3 mil reais após 10 anos?"

Carlos Wizard conta que a partir daquele momento reformulou toda a empresa e passou a usar um sistema de gestão diferente do que aplicava até então. Para resumir aqui seu ensinamento, seja lá o quanto for que você ganhe, separe 20% do que ganha – na fonte – para sua poupança, e viva com os 80% restantes. Os 20% que você separou não podem existir para você e para sua mente para serem gastos. Esses 20% são sagrados e devem ser poupados, ou melhor aplicados, para que comecem a trabalhar para você.

Este princípio também é referendado por T. Harv Eker, quando fala para abrirmos nossa "Conta da Liberdade Financeira". Ele diz que, independentemente da quantidade de dinheiro que receba, deve separar 10% do montante nesta conta, que servirá para fazer investimentos e gerar mais dinheiro, que garantirão sua aposentadoria. Eker também nos alerta dizendo que as pessoas costumam olhar pelo lado errado da situação, ao dizerem: "Quando possuir muito dinheiro, começarei a administrá-lo." Ele nos adverte dizendo que devemos pensar – e agir – assim: "Quando eu começar a administrar minhas finanças terei muito dinheiro."

Não sei se você percebe, mas quando pensamos que não temos o suficiente para poupar simplesmente estamos desmerecendo o que temos, ou seja, não estamos usando a gratidão em todo seu potencial. Quando você diz a alguém: "Você não é tudo aquilo que eu sonhava, baby", você acha que esta pessoa vai ficar ao seu lado? A não ser que seja algum masoquista, ou tenha a autoestima lá na ponta do chinelo, garanto que não vai.

E o dinheiro age como uma pessoa, exatamente de acordo com a energia que você dedica a ele. Se você olha para seu contracheque ou extrato de banco com aquela cara de desapontamento, dizendo: "Você não é tudo aquilo que eu sonhava, money", você está desmerecendo o potencial do dinheiro como desmerece o da pessoa hipotética que citei. Ele também vai virar as costas para você. Ele não vai se esforçar para lhe agradar. Ele irá para o bolso de alguém que é grato ao que recebe.

Se você tiver 10 reais, separe 1 ou 2 reais e coloque num cofrinho, para começar. Cada vez que receber seu salário ou for pago por um serviço, separe a porcentagem que puder no momento, seja 10 ou 20% para poupar e investir.

E aqui fica terminantemente PROIBIDO dizer que não dá, que não está sobrando um único centavo, que é impossível guardar de 10 a 20% se o que você ganha hoje já não paga as contas. Se for necessário refaça as contas, corte gastos, consiga novas fontes complementares de renda, mas guardar de 10 a 20% de tudo o que entrar, como primeira providência, antes mesmo de pagar as contas, será obrigatório, combinado?

Lembre-se: nada muda se você não mudar. Foi agindo como sempre agiu que você chegou à vida que tem hoje. Se não está completamente satisfeito com o que construiu, precisará mudar o padrão mental e de comportamento a começar AGORA.

Eu o aconselho fortemente a ler o livro *Os Segredos da Mente Milionária*, para conhecer o sistema de T. Harv Eker e contemplar as outras áreas que ele trabalha lá: despesas a longo prazo, instrução financeira (e outros cursos), conta da diversão, doações e necessidades básicas (aqui ele coloca 50% de tudo o que ganha). O que significa que os outros 50% serão todos direcionados para as outras contas/despesas.

Dessa forma seu dinheiro passa a ter destino certo, ter foco, e você enxerga o potencial dele como instrumento criador de melhorias em sua vida. Você começa a ter gratidão por tudo o que ele lhe proporciona. E adivinhe? Ele vai trabalhar com prazer para você!

E também para o seu coachee porque você vai ensinar tudo isso a ele.

Hoje você vai trabalhar dois exercícios de gratidão pela prosperidade financeira com o seu coachee. O primeiro é a **máquina de imprimir dinheiro** (exercício 6). Isso mesmo. Fique tranquilo. Não vou lhe ensinar nada imoral, nem ilegal e nem mesmo repetir as proezas dos personagens da série da Netflix *A casa de papel*.

Você vai entregar para o seu coachee uma pequena folha de papel de mais ou menos 8 x 9 cm e vai pedir para que ele escreva na folha

"SOU GRATO POR TODO O DINHEIRO
QUE RECEBO AO LONGO DA VIDA!"

Depois peça a ele que pegue uma nota de 50 ou de 100 reais e cole com fita adesiva aquele bilhete. Esta nota será o seu "ímã" que atrairá mais dinheiro para ele. Diga para ele colocar esta nota em sua carteira, e cada vez que a abrir, deve segurar a nota e repetir:

"SOU GRATO POR TODO O DINHEIRO
QUE RECEBO AO LONGO DA VIDA!"

Esclareça para o seu coachee que ele não deve usar mais essa nota, porque será o talismã que atrairá várias outras iguais e que ele não precisa ficar com medo de que aquela nota faça falta porque o universo providenciará muitas outras.

Veja bem, é importante que fique claro que não estamos fazendo nenhum tipo de simpatia. Nossa intenção com esse exercício é eliminar as crenças de escassez da cabeça do coachee e substituí-las pela crença na abundância.

Se o coachee veio para a sessão sem dinheiro, ele deve concluir a tarefa em casa e trazer para mostrar na próxima sessão.

O próximo exercício chama-se **Aprendendo a poupar enquanto agradece** (exercício 7). E ele consiste no seguinte:

Peça para que ao chegar em casa o coachee pegue o seu contracheque ou o extrato bancário com seus ganhos, caso seja autônomo ou empresário. Se estiver desempregado, e tiver só um dinheirinho ainda que emprestado na carteira, pegue este montante.

Em seguida ele deve escrever num papel semelhante ao anterior:

"SOU GRATO POR ESTE DINHEIRO QUE TRABALHA
INCESSANTEMENTE PARA MIM,
TRAZENDO ABUNDÂNCIA EM MINHA VIDA."

Ele vai prender esta mensagem junto ao seu contracheque, extrato ou dinheiro da carteira, e carregar consigo pelo próximo mês, lendo a frase com total intenção toda vez que a vir.

Em seguida precisará fazer contas. Ele deve calcular 10% do que ganhou, descontados os impostos, ou seja, seu ganho líquido. Se for o dinheiro em sua carteira, basta calcular os 10%.

Este valor deverá ter só dois possíveis destinos: uma conta poupança, de onde o dinheiro só sairá para ser investido em outras aplicações mais rentáveis, ou um cofrinho, aonde depositará os 10% do dinheiro que tem agora. A regra é a mesma. Este dinheiro não é para ser usado; é para ser guardado.

Depois de calculado e separado o dinheiro, o coachee colocará um papel com as palavras abaixo fixadas no cartão da poupança, da aplicação ou no cofrinho:

"ADMINISTRO MEU DINHEIRO E SOU GRATO A
TODA A PROSPERIDADE QUE CHEGA ATÉ MIM.
GRATIDÃO, GRATIDÃO, GRATIDÃO!"

A partir de hoje, em cima de tudo o que o coachee ganhar será calculado 10%, que será separado para esta poupança da Gratidão. É importante que esta seja a primeira providência a ser tomada assim que o dinheiro entrar, antes mesmo de pagar as contas do mês.

Mas e se faltar dinheiro para as despesas? Aí ele tem duas opções: cortar custos ou descobrir uma forma de aumentar a receita. Só o que não é opcional é deixar de guardar esses 10% que garantirão sua prosperidade financeira.

Se o coachee tiver filhos, oriente-o para que ensine os filhos a fazerem o mesmo com a mesada que lhes der, criando o hábito desde pequenos.

E assim você encerra sua sexta sessão.

> Nesta aula você vai aplicar dois exercícios com o seu coachee:
> - Exercício 6: Máquina de imprimir dinheiro (ANEXO 22)
> - Exercício 7: Aprendendo a poupar enquanto agradece (ANEXO 23)

A seguir vamos trabalhar o exercício da sétima sessão. Até lá.

Responsabilidade e comprometimento com a prosperidade

7ª SESSÃO

E então, preparado para aprender o que trabalhará na 7ª sessão com o seu coachee? Como nos demais atendimentos você vai iniciar checando como foram seus progressos e vocês irão trabalhar nas metas da próxima semana.

A seguir você entrará com os ensinamentos e exercícios da metodologia da gratidão.

Muitas vezes não são somente as contas ordinárias que fazem o dinheiro escorrer por seus dedos; é preciso haver equilíbrio e foco na hora de usar o seu dinheiro, pois "para quem não sabe aonde vai, qualquer caminho basta".

Com o uso do dinheiro, vale a mesma regra. Se você não sabe para que ele serve em sua vida, vai embora tão rápido quanto entrou, e com uma desvantagem: a insatisfação crônica que tomará conta de você, por sentir que nunca tem o bastante.

O que sentimos determina o que pensamos, e o que pensamos determina como agimos. Lembre-se, a forma como nos sentimos em relação ao dinheiro – e a gastá-lo – vem muitas vezes do que ouvimos, aprendemos dos outros e vivenciamos. Portanto, para mudarmos o hábito de gastar compulsivamente, temos que primeiramente descobrir o motivo pelo qual fazemos isso.

Lembra daquela minha aluna que gastava todo seu salário e pedia emprestado para os pais? Ela gastava compulsivamente, comprando coisas que nem precisava, porque se sentia uma "otária", e mais, tinha ciúmes do irmão que recebia a atenção – e dinheiro – de seus pais com a atitude inconsequente de "torrar" todo o dinheiro. Enquanto ela não desvinculou a necessidade de ganhar afeto dos pais do ato de gastar compulsivamente o dinheiro, ela não sanou esse comportamento.

Da mesma forma que podemos desenvolver compulsão por comer ou por beber para compensarmos alguma falta emocional, também desenvolvemos a compulsão por gastar pelo mesmo motivo.

Agora, vamos destrinchar o que é uma falta emocional. Você tem o amor de seus pais ou de seu companheiro(a) e não é suficiente. Você vai bem na sua carreira, mas sente que não é reconhecido por seus pares. Você tem um grupo de amigos, mas a atenção que eles lhe dão é menor do que a que dirigem a outro colega.

Quem se sente assim não é grato pelo que recebe, seja amor, reconhecimento ou atenção. Se você não é grato, você DESMERECE o que veio até você. Então, me diga, como vai querer que coisas boas aconteçam consigo, com esta mentalidade de que sempre há algo faltando em sua vida?

Veja bem, eu não estou estimulando aqui uma postura passiva, conformista, de simplesmente se contentar com o pouco que tem e não buscar crescer na vida. Precisamos ter metas audaciosas e seguir adiante, mas isso não significa deixar de ser grato pelo que já recebeu da vida e do universo. A ingratidão só aumenta o buraco existencial, a sensação de falta e aí você fica tentando preencher o buraco emocional sem fundo com coisas materiais.

Vamos nos debruçar sobre alguns exemplos de como se gasta compulsivamente quando este buraco emocional está presente. Seja lá qual for a falta emocional original, ela causa aquela sensação na boca do estômago de que você precisa ter "mais" de algo. É quando você acha que deve comprar mais uma blusinha, pois as 30 que têm na gaveta não são suficientes; ou comprar mais um par de sapatos, pois você é uma centopeia, com certeza; mais um creme hidratante ou batom, além dos vários que já têm estocados no banheiro, talvez; ou que deve trocar seu computador, televisor ou celular, pois está desatualizado, e saiu um modelo ma-ra-vi-lho-so que você simplesmente necessita; ou uma roupa de cama nova, além das oito que já têm no armário; também tem aquela necessidade de ir ao mercado e comprar todos os produtos em promoção, do papel higiênico ao molho de tomate, pois aí você estará economizando (quando na realidade está cheio de produtos prestes a perder o prazo de validade dentro do armário).

Quando você compra vem aquela sensação de felicidade, e você ignora o friozinho na barriga ao ver o valor da compra, confesse. Você balança a cabeça, jogando fora aquele pensamento sobre "o quanto eu gastei agora". O que são mais 20, 30 ou 50 reais saindo de sua conta, não é mesmo, frente à felicidade de levar aquele objeto de desejo para casa?

Eu respondo para você: esse dinheiro saindo desgovernado de sua conta, sem foco, sem propósito, sem direção, é o reflexo de sua mentalidade de escassez, e é o que mantém você neste estado. E veja bem, não é pelo fato do dinheiro ser gasto que ele lhe traz escassez. É pelo fato dele ser MALGASTO, mal direcionado.

Por exemplo: tive um aluno que relatava fazer de duas a três compras de mercado na semana, a ponto da esposa reclamar que não cabia mais nada na geladeira. Perguntei-lhe como se sentia ao fazer as compras, e ele respondeu que se sentia orgulhoso de poder prover tudo aquilo para a família. Porém, quando chegava em casa sua esposa o fazia perceber que havia exagerado na dose e não conseguiriam comer toda aquela comida (ou que ainda havia o mesmo produto para ser consumido e iria estragar), e sua satisfação acabava imediatamente, sempre se questionando por que fazia aquilo. Investigando detalhadamente descobrimos que a razão era sua infância de extrema pobreza, quando dificilmente a família conseguia fazer duas refeições ao dia. Ele ainda se enxergava naquele passado, e não conseguia sentir que estava bem financeiramente. Quando conseguiu ser grato tanto pela lição do passado quanto pela situação que tinha naquele momento, suas compras compulsivas terminaram.

Para que você entenda onde entra a gratidão neste processo e sinta-se motivado, quero lhe contar sobre a pesquisa de David DeSteno, do Departamento de Psicologia da Universidade de Boston, que estudou a relação entre gratidão e prosperidade. Ele fez uma pesquisa com voluntários, que deveriam escolher entre duas opções:

a) Receber uma quantia X de dinheiro naquele momento.
b) Esperar 30 dias para receber o dinheiro, que teria seu valor triplicado.

Antes de escolherem entre as duas opções, os voluntários foram divididos em três grupos sendo que:
- O primeiro era estimulado com exercícios para entrar no estado de gratidão;
- O segundo era estimulado para entrar no estado de alegria;
- O terceiro não recebia nenhum estímulo, permanecendo como havia chegado, em estado neutro.

Foi observado que o grupo 1, estimulado a estar em estado de gratidão, respondeu significativamente mais à opção B, ou seja, postergou o recebimento do dinheiro prometido, triplicando seus ganhos.

A conclusão a que se chegou é que a Gratidão controla a fúria consumista e o desejo do prazer imediato. Pessoas habituadas a agradecer conseguem esperar e postergar as sensações de prazer imediatas, para tê-las mais tarde de forma consistente e duradoura.

Desta forma, em relação à prosperidade financeira, quem consegue controlar a compulsão para gastar (e a satisfação imediata e momentânea), consegue poupar e/ou aplicar o dinheiro economizado. Com este ato ela está alimentando sua prosperidade financeira a médio e longo prazo, o que lhe trará satisfação consistente e duradoura.

Para chegar a este estado é preciso conscientizar-se do que faz, suas consequências, disciplina para mudar os hábitos e acima de tudo, gratidão.

Após explicar tudo isso ao seu coachee, você fará com ele o exercício 8 de gratidão denominado **Utilizando o dinheiro com consciência e gratidão**.

Peça para o coachee fazer uma autoanálise. Para isso ele vai fazer uma lista de tudo o que compra durante um mês.

Depois o coachee deve olhar para a lista e identificar em que áreas de sua vida ele gasta compulsivamente. Pode ser em bens de consumo, alimentos, cuidados pessoais, saídas com amigos. Peça para que ele seja honesto e liste com o que gasta sem pensar, para sua satisfação momentânea, comprometendo suas finanças mês a mês.

Depois peça para que ele escreva como se sente quando faz estas compras compulsivas: confiante, orgulhoso, excitado, desafiador, seguro, provedor?

Oriente-o para fechar os olhos e imaginar-se comprando aquelas coisas desnecessárias. Diga para que ele observe como fica sua respiração, com que postura sai da loja, o que pensa no momento. Ainda de olhos fechados, diga para o coachee se lembrar das três últimas compras compulsivas, e comentar qual era o seu estado de espírito antes de realizar suas compras. Talvez ele estivesse chateado, triste, com raiva, enciumado, sentindo-se impotente, incapaz? Devido a que fatores? O que aconteceu antes?

Se ele conseguiu chegar até aqui, acaba de fazer um mapa de seu comportamento provocado por seus sentimentos.

De olhos abertos peça para que ele anote ao lado de cada item de compra por impulso qual era a "falta" que ele estava compensando com aquelas compras, e a localize, descobrindo se está relacionada com eventos passados ou eventos recentes.

Até esse momento o coachee estava vendo o copo "meio vazio". Ele só estava enxergando o que faltava. Agora ele vai começar a enxergar o copo "meio cheio", através da Gratidão.

Peça para que ele escreva: "SOU GRATO POR TER APRENDIDO A SUPERAR (escreva aqui a situação que gerou seu comportamento de compra compulsiva). A PARTIR DE AGORA TAMBÉM SOU GRATO POR APRENDER QUE NÃO PRECISO MAIS ME SENTIR (escreva aqui o sentimento ruim que tinha), POIS ISSO FICOU NO PASSADO, NEM PRECISO COMPRAR COMPULSIVAMENTE (escreva aqui o que você comprava) PARA SENTIR-ME (coloque a sensação de satisfação momentânea que você tinha)."

Exemplo:
SOU GRATO POR TER APRENDIDO A SUPERAR a carência que me fazia comprar e comer muitos doces. A PARTIR DE AGORA TAMBÉM SOU GRATO POR APRENDER QUE NÃO PRECISO MAIS ME SENTIR abandonada, POIS ISSO FICOU NO PASSADO, NEM PRECISO COMPRAR COMPULSIVAMENTE muitos doces para sentir prazer.

A compreensão de um problema e identificação de sua origem é um passo poderoso para libertar-se dele e foi o que você acabou de ajudar seu coachee a fazer.

É possível que esse exercício traga à tona muitas emoções. Fique tranquilo. Apenas mantenha-se tranquilo e dê segurança ao seu coachee que se sentirá acolhido e amparado por você.

Ainda nesta sessão você fará mais um exercício de gratidão com o seu coachee conscientizando-o para a importância de se sentir responsável por suas escolhas.

Quando nos deparamos com acontecimentos desagradáveis, inclusive financeiros, sentimos muitas vezes que fomos "bombardeados" pela vida, não é mesmo? E um dos hábitos que a maioria das pessoas tem é buscar um culpado.

Um dos meus alunos escrevia romances e se autopublicava, através da Amazon, ou os disponibilizava gratuitamente. Ele possuía muitos leitores e almejava publicar seu livro por uma editora. Antes de entrar para meu curso, a cada recusa do material por parte de uma editora, postava em suas redes sociais seu descontentamento, e falava mal do mercado editorial. Também tinha o costume de postar sobre a má remuneração que tinha como funcionário público, e frequentemente contava que ele ou alguém de sua família haviam sido assaltados ou que qualquer outra coisa ruim tinha acontecido, motivo para reclamar da segurança pública, da violência, do sistema educacional falido que formava bandidos no lugar de cidadãos decentes.

Ao iniciar a jornada da Gratidão, percebeu que reclamava de tudo de ruim que acontecia com ele, mas em momento algum agradecia pelas coisas que já havia conquistado em sua vida: leitores fiéis, conseguir se autopublicar, ter um emprego estável, uma boa família... Identificou também mais uma coisa: ele sempre se colocava como vítima da situação, na posição de "coitadinho de mim".

Resolveu então começar a agradecer pelo que tinha naquele momento.

Ele conta que as mudanças aconteceram rapidamente. Foi promovido em seu emprego, e teve um ganho de causa num processo que se movia lentamente há anos; sua esposa também subitamente foi promovida na escola em que trabalhava. Bateram em seu carro velho, e foi dado perda total. Como o seguro pagou preço de tabela pelo carro, ele pôde juntar com algumas economias e finalmente comprou seu carro novo. A mãe de sua esposa resolveu presenteá-la e pagou uma viagem para eles para o litoral do Nordeste. Para melhorar, uma editora enfim entrou em contato com ele, e está em vias de publicação. Ele parou de reclamar, de se sentir vítima das situações que ocorriam, e sua vida simplesmente se alinhou, através do hábito da gratidão diária.

E você vai ensinar o seu coachee a fazer o mesmo ensinando a ele o exercício 9 cujo nome é: **Sou responsável**.

Para aplicar o exercício você terá que providenciar uma pulseira ou até mesmo um elástico, que você vai entregar para o seu coachee e solicitar que ele coloque no pulso. Ele precisa se comprometer a usá-la ao menos durante 33 dias e a partir de hoje, quando algo ruim ou que lhe desagrade acontecer e ele começar a reclamar da situação ou de alguém – colocando-se como vítima da situação – terá que mudar a pulseira ou elástico de pulso imediatamente. E aqui pouco importa se a reclamação foi verbal ou apenas em pensamento. Reclamou, criticou ou julgou, vai trocar a pulseira de lado. Reclamou porque teve que trocar a pulseira, pois troque de novo. Ao mesmo tempo que faz isso, ele deve se perguntar: "Quero continuar reclamando e de 'mimimi' e ser responsável por ter mais disto aqui em minha vida?"

Em seguida, peça para que ele reflita rapidamente sobre o que aprendeu com aquele acontecimento e diga: "Agradeço por (diga o que ocorreu) porque aprendi/ganhei com isto (e diga o que aprendeu ou ganhou)."

Deixe-me dar dois exemplos para que você entenda melhor o contexto do exercício que vai ensinar para o seu coachee:

Quando já estava no curso e um original de seu livro foi recusado, meu aluno ao invés de reclamar, entrou em contato com o editor e humildemente perguntou se ele poderia dizer no que ele deveria melhorar seu livro para ser publicado. O editor lhe deu dicas valiosas, e com isto aquele mesmo original, com as melhorias, foi aceito para publicação. Ele disse a seguinte frase: "Agradeço por terem recusado o meu original, pois aprendi com isso que precisava melhorar meu livro para ser publicado."

O mesmo aluno, quando teve o carro batido e com perda total, disse: "Agradeço porque esse acidente não gerou qualquer tipo de dano físico e me alertou para a importância de dirigir com mais atenção; houve apenas perda total no carro, o que no final me permitiu receber mais dinheiro do que se tivesse vendido o carro, e com esse valor mais as minhas economias, posso ter meu carro novo agora."

É incrível, mas muitas vezes os problemas são bênçãos disfarçadas e ao parar de reclamar e começar a agradecer o coachee perceberá que a vida fica mais leve e os acontecimentos favoráveis começam a acontecer em maior número, assim como as soluções para os problemas aparecem com mais facilidade.

> Nesta aula você vai aplicar dois exercícios com o seu coachee:
> - Exercício 8: Utilizando o dinheiro com consciência e gratidão (ANEXO 24)
> - Exercício 9: Sou responsável (ANEXO 25)

Parabéns! Hoje você teve sucesso em dose dupla.

Nos encontramos já, já.

Do fundo do poço ao início da subida
8ª SESSÃO

Já estamos em nossa oitava sessão e imagino que você deve estar muito feliz com os progressos do seu coachee. Por favor, não tenha expectativas de que todos os problemas financeiros terão sido resolvidos, pois a mudança do mindset leva tempo e a instalação de novos hábitos também.

Querer sanar todas as dificuldades financeiras de uma hora para a outra é como querer emagrecer 20 quilos numa única semana; nem mesmo com cirurgia bariátrica você faz isso! O excesso de peso foi construído ao longo de muitos anos e o emagrecimento consciente também vai precisar de tempo para se completar. O mesmo ocorre com a vida financeira. Seu coachee plantou as sementes erradas por muito tempo e é por isso que está colhendo frutos indesejáveis; o que vocês estão fazendo juntos é plantando novas sementes, então fale com qualquer agricultor e ele lhe dirá para aguardar o tempo da colheita.

Então na sessão de hoje comemore com o seu coachee cada pequeno progresso, averigue se ele continua fazendo o caderno da gratidão e é possível que você descubra que seu coachee deu uma desmotivada.

Talvez você se depare com ele dizendo para você algo do tipo: "Mas eu estou no fundo do poço. Estou sem emprego, minhas contas estão atrasadas. Não estou me colocando como vítima, sei que sou responsável, mas está mesmo difícil e não vejo saída. Como é que vou ter gratidão? Já pedi tanto a Deus, aos santos, ao universo por um emprego, por uma oportunidade, por que não recebo isso?"

Mostre-se empático à dor de seu coachee. Diga que você entende que este é um dos momentos mais difíceis para agradecer, e definitivamente não é o momento certo para pedir nada ao universo ou a Deus. Esclareça o porquê. Quando pedimos algo, é porque sentimos que algo nos falta. Imagine Deus ou o universo vendo você lá de cima: você pensa que quer um emprego, sente que está no fundo do poço, e sua ação é reclamar o tempo todo. Você está alinhado com a falta, com a escassez! E é exatamente isto que você vai ter, mais e mais, se continuar assim. Por isso, não peça. Agradeça!

Aliás, quando alguém me diz que está no fundo do poço eu costumo responder: "Então comemore, porque quando a gente chega no fundo o único caminho que nos resta é subir e se os seus pés estão apoiados no fundo você poderá dar o impulso necessário para começar o caminho para o alto."

Uma de minhas alunas, terapeuta, entrou deprimida no curso da Gratidão, sem clientes, com dívidas e com um imóvel seu há meses sem alugar, e só lhe dando despesas. Cética, ao iniciar a jornada da Gratidão, mesmo sem acreditar começou a agradecer todo dia por ter uma profissão, ainda ter um teto, pela comida, enfim, por tudo. Agradeceu também pelo apartamento, e pela pessoa que iria morar ali e seria feliz. Três dias depois a imobiliária que cuidava do imóvel entrou em contato, pois havia alguém interessado em alugar. Ela agradeceu mais, espantada com a rapidez. Clientes começaram a retornar e novos apareceram. Ela percebeu que seu bom humor natural retornou assim que começou a agradecer, e que realmente alinhar-se com a energia da gratidão trouxe prosperidade na área financeira e em todas as outras áreas.

Outra aluna estava numa situação bem delicada, com o marido desempregado e ela num trabalho temporário, cujo contrato acabaria em menos de um mês. Começou a agradecer pelo que tinha: a casinha, a família unida, a saúde de todos, a cesta básica que alguém lhe dera....

Em menos de uma semana, o marido finalmente foi chamado para um emprego. No dia em que seu trabalho temporário terminaria, foi chamada para conversar no RH da empresa e foi efetivada. A Gratidão mudou a vida de toda a família, quando estavam literalmente no fundo do poço, simplesmente porque ela se alinhou com o que tinha de bom em seu dia a dia, através da Gratidão.

Compartilhe esses exemplos com o seu coachee e outros que você presenciou em seus exercícios de gratidão.

Hoje nós vamos reforçar o poder da Gratidão na vida de seu coachee para que ele acelere o alcance das metas financeiras. O nome do exercício 10 é: **Potencializando a gratidão**.

Este exercício tem a intenção de alinhar e potencializar o poder da Gratidão na trajetória do coachee.

Você vai pedir para que ele faça uma lista dos motivos que tem para agradecer em sua vida. Peça para ele fechar os olhos por alguns momentos para imaginar que está enxergando melhor o que há de bom ao seu redor, como se a situação ruim pela qual está passando estivesse dando a capacidade de realçar as coisas boas que têm.

Ele deve começar a lista assim:

"MESMO (acontecendo tal e tal coisa), EU PERCEBO AS BÊNÇÃOS QUE ME CERCAM E AGRADEÇO POR (lista de coisas boas). GRATIDÃO, GRATIDÃO, GRATIDÃO!"

Exemplo: MESMO estando desempregada, EU PERCEBO AS BÊNÇÃOS QUE ME CERCAM E AGRADEÇO PORQUE tenho uma família que me ama e apoia, porque tenho saúde e posso buscar novas oportunidades, porque tenho inteligência e vou descobrir um caminho para me recolocar no mercado de trabalho, porque tenho um teto para morar e formas de conseguir o meu sustento diário, porque tenho uma boa rede de relacionamento e muita gente está buscando oportunidades para mim, porque posso sentir o calor do Sol e a brisa suave que toca a minha pele, porque o universo é abundante e está providenciando uma saída assim como faz com as aves do céu e as flores do campo.

Oriente para que ele faça o exercício ainda de olhos fechados. Observe no exemplo que acabei de dar que o foco é nas bênçãos e não no problema. Ele começa a frase citando o problema, mas depois enumera no mínimo 10 bênçãos.

Em seguida, peça para que ele abra os olhos e anote no papel três coisas positivas que aprendeu ao viver essa experiência de fundo do poço. Depois oriente-o a compartilhar essa história do fundo do poço com no mínimo três pessoas durante a semana, mas a forma de contar deve dar foco na aprendizagem para que elas possam entender e para que não cometam os mesmos erros ou não caiam nas mesmas armadilhas.

Compartilhar aprendizagens e experiências, inclusive aquelas oriundas de nossos erros, é uma grande prova de generosidade e doação. Tenho amigos palestrantes dos quais o tema de suas palestras é exatamente o momento fundo do poço e ao compartilharem que erros cometeram para chegar nesse lugar e que descobertas fizeram para sair de lá, ensinam lindas lições de vida para muita gente ao redor do mundo.

A intenção não é que o coachee vire palestrante, mas que ele aprenda a colaborar ao menos com o crescimento de três pessoas compartilhando sua história, não com o foco no drama, mas na aprendizagem.

Em seguida, você vai aplicar um outro exercício para conectá-lo mais fortemente com a prosperidade durante a próxima semana. O exercício 11 é a **Roda da Abundância**.

Basicamente vamos trabalhar com a conjugação de quatro verbos: declarar, solicitar, arriscar e agradecer.

A RODA DA ABUNDÂNCIA
Conjugação de 4 Verbos: DECLARAR, SOLICITAR, ARRISCAR E AGRADECER.
Dois lados: DAR/ RECEBER

GRATIDÃO, DECLARAÇÃO DO PERDÃO

SENSO DE IDENTIDADE

AGRADECER IV

DECLARAR I

ARRISCAR III

SOLICITAR II

FOCO, AÇÃO, COLOCAR ENERGIA EM DIREÇÃO AOS SEUS SONHOS

SONHOS, CRENÇA, PLANEJAMENTO DE VIDA

DECLARAR: comece declarando aquilo que deseja, o que você quer e o porquê isso se encaixa em sua missão, em seu propósito, que já definimos com o seu coachee. Algumas maneiras de se iniciar a frase são: "eu sou..."; "eu quero..."; "eu preciso..."; "eu posso..."

O que você está fazendo aqui é declarar para o universo a sua intenção ou aquilo que deseja conquistar, com intuito de que as coisas conspirem para que isso aconteça.

Oriente o coachee para declarar em voz alta o que deseja materializar em sua vida e anotar no papel também.

SOLICITAR: após saber o que quer, o coachee passa a sonhar com aquilo; começa a imaginar como, quando e onde quer que aconteça. Nesse momento ele já sabe o que quer, basta agora planejar e acreditar que é possível.

É importante acreditar no poder do universo e fazer com que tudo que declarou seja real em seus sonhos e imaginação, tornando sua vontade cada vez mais palpável e mensurável.

Auxilie o seu coachee pedindo para que ele feche os olhos para visualizar, ouvir e sentir o que declarou ao universo e que agora está solicitando ao construir a materialização do desejo em sua imaginação.

Durante esse momento de imaginação peça para o coachee pensar em todos os recursos que vai precisar para ter sucesso no seu objetivo.

Depois peça para que ele abra os olhos e anote todas as ações necessárias para transformar seu desejo em realidade. É o momento de planejar!

ARRISCAR: depois de feitos os dois passos do lado direito da Roda, onde o coachee doou para o universo a sua identidade, as suas vontades, sonhos e planejamentos, é hora de começar a colher através das atitudes!

Ele doou tempo e energia em direção daquilo que deseja. Então, pergunte a ele: está pronto para receber?

É hora de agir e confiar que o universo também vai fazer a parte dele sendo seu sócio na concretização deste objetivo. Faça! Aja! Seja! Conquiste!

AGRADECER: finalmente esclareça ao seu coachee que está na hora de agradecer. Ele deve agradecer como se o que desejou já tivesse acontecido, e deve continuar agradecendo enquanto coloca em prática o que acabou de planejar para alcançar seu objetivo.

Diga para o coachee que não importa se ele vai alcançar exatamente aquilo que planejou da maneira como esperava. O mais importante aqui é reconhecer que ele fez o suficiente, talvez não o seu máximo, mas o que podia naquele momento e da mesma forma, recebeu os resultados condizentes com aquilo que deu.

Diga que ele precisa se perdoar caso deixe de fazer alguma das ações planejadas ou se as coisas não saírem exatamente como esperava. Não há problema porque a Roda da Abundância continua girando.

Uma vez que você usa a Roda da Abundância em qualquer objetivo, percebe o quão justo e congruente o universo é com relação ao dar e receber. É preciso dar na mesma medida que se pretende receber, porém, como vimos, para isso precisamos agir.

- Então vamos recapitular:
- Declare quem você é e o que deseja;
- Solicite isso para o universo e planeje;
- Arrisque tudo que tem e entre em ação;
- Agradeça independentemente do resultado obtido.

A Roda da Abundância é uma ferramenta que pode ser usada em todos os momentos da vida, todos os dias, afinal, temos objetivos diferentes o tempo todo. Quanto mais a Roda da Abundância girar, mais abundante você será.

Oriente o seu coachee a utilizar a Roda da Abundância durante toda a semana para auxiliá-lo na concretização das metas e do plano de ação que ele traçou para a próxima semana.

> Nesta aula você vai aplicar dois exercícios com o seu coachee:
> - Exercício 10: Potencializando a gratidão (ANEXO 26)
> - Exercício 11: A Roda da Abundância (ANEXO 27)

Parabéns você acaba de encerrar uma sessão muito produtiva.

Gratidão com foco gera sinergia
9ª SESSÃO

Estamos na nona sessão com o seu coachee e você vai iniciar checando como foram os seus progressos, comemorando as vitórias e traçando com ele o planejamento para a próxima semana.

E para trabalhar o mindset, vamos para os dois exercícios de gratidão de hoje.

Eu já lhe expliquei anteriormente que não devemos pedir nada quando estamos no fundo do poço, pois estaríamos conectados à escassez, e a vida só dá mais do mesmo. Porém, há uma forma correta de pedir o que quer para a vida, e é se conectando com a Gratidão.

Quando solicitamos algo conectados com a gratidão – que já sabemos que vibra num padrão capaz de elevar a energia que nos cerca – você cria um movimento de sinergia com o universo.

O universo é abundante, e está aí com todas as possibilidades à disposição de quem saiba acessá-las. Já vimos isso através de uma ferramenta poderosa chamada Roda da Abundância que lhe apresentei anteriormente.

Quando alinhamos nossas ondas de energia, aumentamos a potência e a velocidade da resposta que o universo nos dá, pois estamos trabalhando junto com a energia de abundância, e isto é trabalhar em sinergia: duas forças trabalhando juntas, e na mesma direção, por um só resultado.

Na Bíblia temos este ensinamento: "A quem tem, mais lhe será acrescentado e terá em abundância. A quem não tem, até o que tem lhe será tirado." (Mateus 13:12)

Pois foi o que aconteceu com uma aluna de meu curso. Ela iniciou a Jornada da Gratidão totalmente focada na prosperidade financeira, pois sempre teve uma vida de dificuldades. Reconhecia, porém, que nas outras áreas sua vida era muito boa, e começou a agradecer pela família que tinha, pelo marido, sua casa, e a cada pequena entrada de dinheiro no dia a dia. Ela agradeceu com firme intenção, e na mesma semana em que começou a jornada, a prosperidade começou a bater em sua porta. Primeiramente, seu marido foi informado que teria um valor de PIS a receber que até então desconhecia, após quatro anos de aposentado! O marido ficou tão espantado com a rapidez do processo que começou a agradecer junto com ela... olhe a sinergia! Em seguida seu filho fez um bom negócio e resolveu lhe dar um presente: 3 mil reais. Ela saldou a dívida do cheque especial e agradeceu novamente junto com o marido. Dias depois entraram em contato com ela através do Messenger, dizendo que precisavam falar com o esposo dela, e deram-lhe um número de telefone. Entrando em contato foi informada que uma das fábricas para o qual o marido havia trabalhado há 20 anos estava contatando os funcionários com quem não havia conseguido fazer acerto na época, pois estavam conseguindo vender seu maquinário e iriam dividir o montante entre os funcionários. Hoje a vida financeira dela está mudada, e num período muito curto, devido à sinergia da gratidão dela e do marido, agradecendo ao que tinham e recebendo mais em suas vidas.

Quando pedimos com sinergia, temos certeza de que somos merecedores do que estamos pedindo, e que temos capacidade de arcar com tudo o que virá como consequência do que receberemos.

Talvez o seu coachee ache tudo isso abstrato demais e até um tanto exotérico. Então esclareça a ele que construir a intenção antes da materialização da ação é comum e fazemos diariamente quando preenchemos um cheque pré-datado, por exemplo.

Um cheque é um documento de crédito ao portador. Isto significa que você preenche um cheque com um determinado valor para que alguém receba, vá a um banco e retire aquele crédito na boca do caixa ou mesmo depositando em sua conta. Agora imagine você preenchendo 12 cheques pré-datados para pagar sua televisão nova. Doze vezes de 250 reais, por exemplo. Em algum momento você para e pensa que no dia 15 do mês de agosto, 4 meses depois de comprar sua TV, você pode não ter este dinheiro para saldar o cheque? Se você for como a maioria das pessoas passando um cheque ou mesmo um cartão de crédito, a alegria é tanta por estar adquirindo algo com que sonhou que nem vai passar pela cabeça esta possibilidade. Você não tem dúvida de que honrará cada cheque. E de onde vem esta certeza? Você está alinhado entre pensamento (quero a TV), sentimento (satisfeito por ser capaz de pagá-la), e ação (preenchendo os cheques confiante de que terá o saldo em conta).

Isto é estar alinhado, isto é demonstrar gratidão por tudo o que tem, isto é pedir ao universo sabendo que você já possui a abundância em sua vida. Isto é pedir com sinergia.

Agora eu não estou falando de realizar compras por impulso e inconsequentes. Lembre-se de quando comentamos que algumas pessoas compram para suprir uma carência, um vazio anterior, e gastam mais do que poderiam, esquecendo completamente que precisam poupar/aplicar de 10 a 20% do que ganham.

Pedir com sinergia é construir uma intenção, liberá-la para o universo confiante de que tudo dará certo e trabalhar focado para gerar os ganhos financeiros para honrar aquele compromisso, sem medos, mas também sem preguiça ou falta de comprometimento.

E para reforçar a capacidade de pedir com sinergia, além da roda da abundância que você já fez com o seu coachee na sessão passada, agora vamos fazer o exercício 12 chamado **Pedindo com Sinergia**.

Já que falamos em cheque, você vai convidar o seu coachee a fazer um agora. Mas este cheque é um pouco diferente do que ele está acostumado. Quem vai sacar este cheque é ele mesmo. Peça para ele imaginar o quanto quer ganhar, por exemplo, em seis meses, e vai preencher este cheque para si com a mesma certeza que preenche um cheque para outra pessoa sacar. Diga para ele fazer o seguinte:

Pegar uma folha de cheque de seu talão. Caso você não saiba se ele terá disponível uma folha de cheque ou não, sugiro imprimir e já deixar pronta uma folha de algum modelo de cheque disponível na internet. Num pequeno papel – que cobrirá o nome escrito abaixo da assinatura – escreva: Universo de Abundância S.A. (cliente desde sempre). Fixe este papel no cheque e tire uma ou mais cópias para utilizar com seus coachees.

Agora o coachee vai preencher o cheque que você imprimiu. Primeiro, peça para que ele pense o quanto quer receber do universo. Então ele vai escrever este valor em números no primeiro campo do cheque, e por extenso no campo aonde se lê "pago integralmente por este cheque…"

No terceiro campo, ele escreverá seu nome completo. No campo da data, colocará dia, mês e ano com a data limite para seu pagamento (quer receber esta quantia dentro de quanto tempo? Seis meses, um ano?).

Ele assina o cheque como Universo de Abundância. E abaixo disso escreve:

"GRATIDÃO AO UNIVERSO DE ABUNDÂNCIA
POR ME PROVER DIARIAMENTE."

Oriente-o para colocar este cheque em algum lugar da casa que seja especial, e que veja sempre. Esta é uma forma de agir sinergicamente com o universo, que está aí disponível para distribuir prosperidade a quem sabe agradecer por tudo o que já tem.

Veja bem: isto não quer dizer que depois de preencher o cheque o coachee pode deitar na rede com o controle remoto da TV na mão e mais nada precisará fazer além de esperar que o dinheiro magicamente apareça em sua vida. Ele vai continuar trabalhando firme por seus objetivos, fazendo seus negócios expandirem, sua carreira decolar, só que agora não estará mais sozinho: terá o universo trabalhando ao seu lado para que as coisas entrem em fluxo e as oportunidades apareçam em sua vida com muito mais facilidade e leveza.

Uma vez concluído esse exercício, está na hora de você ter uma conversa bem séria com o seu coachee acerca de comprometimento. Eu vou lhe contar uma história que ouvi de uma de minhas alunas e você também pode compartilhar com ele.

Minha aluna havia voltado com o esposo de um ano fora do país, aonde estavam trabalhando como voluntários. Chegando ao Brasil, morando de favor na casa dos pais dele, iniciaram a busca por emprego, e sentiam-se exaustos por só encontrarem portas fechadas. Ela pesquisou qual era a média de salário de um profissional iniciante em sua área, pois haviam viajado recém-formados. Era um salário bem baixo, mas ela se contentaria com aquilo mesmo para iniciar. E falou para o marido: "Se eu conseguir um emprego, prometo que vou doar metade do meu primeiro salário para o orfanato que existe aqui no bairro." Naquela semana uma amiga lhe procurou, indicando uma empresa que buscava funcionários em sua área, que fossem fluentes em inglês. Em menos de uma semana estava empregada. Como falava inglês fluente, seu salário seria o dobro do que o estimado. Comemorou e agradeceu pelo que conseguiu, e fez a doação para o orfanato, que a recebeu em boa hora.

Perceba que quando esta aluna se comprometeu a dar metade de seu salário, ela lançou a seguinte mensagem ao universo: eu quero isto com muita intensidade, a ponto de prometer dividir a alegria de obter isto com alguém. Ela se comprometeu de tal forma que fez toda a energia à sua volta se intensificar – subir o nível – com a sua intenção.

Ela provocou positivamente o universo, alinhando o que pensava (preciso de um emprego), com o que sentia (sou merecedor de um emprego) e com a ação (comprometer-se a doar 50% do seu primeiro salário como forma de agradecer). Que alinhamento poderoso!

E este é o princípio ativo que faz com que as promessas religiosas surtam efeito. O que está em jogo não é sua barganha com Deus, mas o alinhamento da intenção, do pensamento, do sentimento e da ação. Se ela só fizesse a promessa ao universo, mas continuasse a lamuriar, lamentar e apostar no insucesso, com certeza esta vaga não apareceria. No entanto, minha aluna acentuou os motivos pelos quais precisava da vaga; agora não era só por ela e sua família, mas também pelas crianças do orfanato que precisavam do dinheiro. Mudou sua vibração energética e se conectou com as possibilidades que já estavam bem à sua volta, só que até então invisíveis.

Quando você é grato seu coração se enche de generosidade, pois tem a consciência de que recebe bênçãos do universo o tempo todo e de alguma forma sente-se impelido a retribuir, auxiliando aqueles que ainda não conquistaram o mínimo necessário para viver com dignidade. Gratidão e generosidade andam de mãos dadas e possuem o poder incrível de abrir as portas da prosperidade financeira.

E agora é a vez do seu coachee exercitar a generosidade e o comprometimento com o universo.

Você vai fazer com ele o exercício 13: **A Carta de Intenção**.

Você vai pedir para que ele faça uma pequena Carta de Intenção. O que é isso? Ele vai se comprometer a proporcionar a alguém ou a alguma instituição a mesma sensação de gratidão que sentirá ao ver sua vida mudar.

Ele deve escrever uma pequena carta dizendo o que vai dar ou doar quando sua situação financeira mudar. Voltaram os clientes, foi contratado e recebeu o primeiro salário, veio algum dinheiro inesperado? Seja qual for a situação, a Carta de Intenção valerá.

Dê alguns exemplos de como ele pode se comprometer na carta. Ele pode se comprometer a doar mensalmente um dinheiro para uma instituição séria (10, 15, 25 reais); doar uma cesta básica por mês para alguém que saiba que necessite ou para alguma igreja fazer a distribuição por alguns meses; adotar um orfanato local e comprar bonecas e carrinhos para o Natal ou Dia das Crianças, ou levar produtos de higiene para um asilo mensalmente. Há muitas opções além destas; estimule o seu coachee a ser criativo e caprichar na intenção.

Escrita a Carta de Intenção, ele deve colocar a data, assinar e pedir para alguém de sua casa ou um amigo assinar como testemunha, para que seu subconsciente entenda também que este é um compromisso sério.

T. Harv Eker em seu livro *Os Segredos da Mente Milionária* fala em separar 10% de seus ganhos para doação. Esta é a maneira de dizer ao universo que é grato por tudo o que a vida tem proporcionado e que quer retribuir ainda que apenas com uma pequena parte. Peça para o seu coachee avaliar se está pronto para separar 10% para doação; deixe por conta dele definir o tamanho de sua generosidade, mas tenho certeza que o ato de doar mesmo no momento de falta só conecta com a abundância, livrando-o das amarras do egoísmo e da avareza.

E para provocar mesmo o universo, sugira que ele faça a doação antes mesmo de sua parte chegar, tamanha a certeza de que tudo dará certo.

Mas esclareça o seguinte a ele: a intenção não é barganhar com Deus pensando ou dizendo algo do tipo: "Olha Deus, eu já fiz minha caridade, doei 10% do que quero receber antecipadamente; agora faça a sua." A energia não pode ser essa. O coachee deve apenas exercitar a generosidade, conectando-se com a alegria de ter feito o bem aos mais necessitados e ficando em paz. Com certeza as sementes plantadas e adubadas com generosidade florescerão.

Assim você vai encerrar uma sessão muito eficaz, porque fez com que o seu coachee se conectasse com a prosperidade através da lei da intenção de receber (exercício do cheque) e intenção de doar.

> Nesta aula você vai aplicar dois exercícios com o seu coachee:
> - Exercício 12: Pedindo com sinergia (ANEXO 28)
> - Exercício 13: A Carta de Intenção (ANEXO 29)

E agora venha comigo para preparar sua décima sessão.

A força do caráter: de nada vale toda a riqueza, se perder a sua alma

10ª SESSÃO

Enfim chegamos à décima sessão com o seu coachee. É possível que ele queira renovar o pacote de atendimentos com você, porque está satisfeito com os resultados que alcançou até o momento e quer continuar progredindo, ou talvez esteja encerrando momentaneamente os trabalhos.

Nos dois casos é importante que você faça uma sessão daquelas que deixam saudade, porque é comum um cliente interromper por um tempo nossa contratação, mas se você fez a diferença na vida dele, em outra oportunidade ele voltará e indicará novos clientes.

Vamos então caprichar nesta sessão. Está pronto? Então mãos à obra.

Comece checando os progressos do seu coachee, comemorando as vitórias, averiguando como está o caderno da gratidão e ajudando-o a traçar um plano de ação que ele vai seguir sozinho daquele dia em diante se resolver não renovar o pacote de atendimentos com você no momento.

Você vai ensinar a ele uma ferramenta poderosa para dar continuidade ao plano de ação e potencializar ainda mais os resultados alcançados por ele.

Algumas pessoas quando querem uma coisa intensamente, costumam até sonhar acordadas com ela. O subconsciente proporciona estes momentos para que se lembrem o tempo todo daquilo, sem perder o foco. Porém, nem todos nós temos um subconsciente tão ativo para nos dar uma mãozinha.

Nestes casos, nós é que devemos reforçar diariamente o que queremos, como já estamos fazendo com o sentimento de gratidão diário.

O coachee deve ter percebido que muitos exercícios foram escritos. A razão disso é que quando escrevemos reforçamos uma mensagem para o nosso subconsciente.

O nosso corpo e os nossos sentidos são como o mouse ou o teclado do computador, eles servem para que as informações "entrem no cérebro". Dessa forma, outra maneira poderosa de se mandar informações é através de imagens, pelo sentido da visão.

Tenho um aluno, bancário, que queria muito fazer uma viagem para a Ásia, no estilo "mochilão". Ele já estava praticando a gratidão, e queria potencializar aquele desejo. Falei a ele que se escrevesse e visualizasse o que queria teria mais 60% de chance de que a viagem acontecesse.

Ele criou então um caderno chamado "Mochilão da Gratidão", e lá colocou todas as informações sobre os países que queria ir, em que época do ano, preços de voos, trens, cursos que queria fazer por lá e o valor que precisaria para realizar este sonho. Todos os dias ele escrevia no caderno sobre algo que queria ver em determinado país, ou colava fotos dos lugares que desejava visitar. Pouco tempo depois o banco ofereceu um programa de demissão voluntária, com algumas vantagens. Ele aceitou, pois já vinha adiando há tempos a decisão de mudar de empresa, e o que veio a receber era mais do que havia calculado para esta viagem. Com a demissão pôde iniciar o mochilão exatamente no período em que havia imaginado e posto no caderno, e hoje está feliz fazendo sua viagem tão sonhada, sem se preocupar com a falta de dinheiro. Aliás, conseguiu uma agência patrocinadora de sua aventura, que tem interesse em publicar toda a cobertura em vídeos e fotos que está sendo gerada. E meu aluno também está preparando uma palestra e um livro que lançará em seu retorno contando tudo o que aprendeu em sua peregrinação por vários países e culturas diferentes.

Quando alinhamos o pensamento, o sentimento e a ação (aqui, fazer o caderno), com intenção e Gratidão, tudo de bom pode acontecer.

E o exercício 14 que vocês farão juntos é chamado de **Ver para ter**.

Ele vai construir um Quadro de Gratidão pela Prosperidade. Essa construção visual permitirá à mente ter mais clareza de quais são seus objetivos e metas nas principais áreas de sua vida.

Se os atendimentos estão sendo presenciais, você deve providenciar os materiais que já estarão esperando por ele em sua sala de atendimento. Deixe disponível folha A4, cartolina, isopor, cola, tesoura, canetinhas coloridas, revistas velhas que possam ser recortadas.

Se o atendimento está sendo pela internet, você vai explicar todo o exercício e ele vai fazer depois, sozinho, porque precisará de um tempo para providenciar os materiais.

Ele pode escolher o tamanho de seu quadro: uma folha sulfite, meia cartolina, uma cartolina inteira, isopor, como quiser. A intenção e prosperidade serão dele e é importante caprichar!

Quando a base do quadro estiver pronta, peça para que seu coachee pense o que quer em sua vida como materialização da sua prosperidade: Dinheiro? Uma casa ou apartamento novo? Um carro? Viajar? Fazer cursos? Fazer massagem uma vez por semana? Ir para um spa fazer uma reeducação alimentar? Ir a shows e teatros regularmente? Tudo isto faz parte da prosperidade. Oriente para que ele escreva os itens numa folha de papel à parte.

A seguir, ele deve procurar imagens em revistas ou na internet, para recortar ou imprimir, que recordem destes itens que ele listou. Sugira que ele escolha uma imagem para cada item. Por exemplo: fotos de notas de dinheiro; imagens de uma casa ou apartamento; o carro que quer; algum lugar para o qual deseja viajar; a foto do palco de um teatro e assim por diante.

No centro da folha ele deve escrever:

"GRATIDÃO PELA ABUNDÂNCIA
E PROSPERIDADE EM MINHA VIDA!"

E ao redor destas palavras vai colar as imagens que escolheu.

Depois ele vai colocar o Quadro da Gratidão pela Prosperidade fixado aonde possa ver diariamente, e cada vez que passar por ele, deve ler a frase escrita ali.

Dica: se ele quiser montar um quadro como este junto com seu cônjuge, sugira que conversem a respeito de quais serão seus objetivos comuns e sigam as instruções.

Outra dica: ele também pode fazer este quadro com as crianças, ensinando-as desde pequenas o poder da Gratidão aliado com a intenção.

Terceira dica: de tempos em tempos sugira que ele renove seu quadro de gratidão pela prosperidade, colando novos objetivos e guardando numa pasta as fotos daqueles objetivos que já foram atingidos.

Uma vez concluída esta atividade com seu coachee que é extremamente lúdica e prazerosa, você terá uma conversa bem importante com ele.

Talvez vocês estejam se despedindo naquele momento, ou no mínimo fechando um ciclo, para iniciar outro, com novas metas e objetivos. Se ele quiser continuar os atendimentos, você traçará com ele novas metas e objetivos, reformulando o plano de ação. Orientará para que continue fazendo o caderno da gratidão pela prosperidade financeira e repetirá nas próximas sessões a mesma sequência de exercícios da gratidão que fizemos aqui e vou lhe explicar o porquê. Precisamos que agradecer pela prosperidade financeira realmente vire um hábito. Portanto, é importante refazer todos os 14 exercícios e responder novamente as perguntas sem consultar as anotações anteriores. O coachee perceberá que as respostas mudaram. Isso ocorre porque nestas primeiras semanas a percepção dele já se expandiu e estará enxergando o mundo de uma forma muito mais madura.

E vale fazer um alerta bem importante ao seu coachee nessa hora, uma vez que o foco do trabalho de vocês foi prosperidade financeira.

Sempre achei a frase "dinheiro não traz felicidade" perigosa porque ela nos induz a pensar que precisamos escolher entre as duas coisas:

ou você tem dinheiro, ou é feliz. Este tipo de pensamento faz parte do paradigma da escassez e é bastante perigoso porque reforça as crenças limitantes em relação ao dinheiro.

Por outro lado, a busca desenfreada por adquirir mais e mais, onde o TER passa a valer mais do que o SER é uma inversão de valores no mínimo perigosa. O seu valor no mundo não pode ser medido pelo patrimônio que adquiriu, mas sim pelo legado que construiu e eu quero endossar essa minha afirmação com uma história contada pelo Dr. Russel H. Conwell (1843-1925), palestrante americano, fundador da Temple University, conceituada universidade instalada na Filadélfia, Pensilvânia.

Acres de Diamantes é a história de Al Hafed, um próspero e feliz fazendeiro que vivia com a família na antiga Pérsia. Era feliz porque era próspero e era próspero porque era feliz, mas ouviu falar dos diamantes e da riqueza que estavam sendo descobertas em terras longínquas e a partir daquele momento seu casamento harmonioso, os filhos saudáveis e a fazenda produtiva já não eram o suficiente, pois Al Hafed desejou possuir uma riqueza muito maior, passando então a sentir-se pobre. Hafed deixou a família e a terra natal e partiu em busca dos sonhados diamantes, mas só colheu decepção e frustração por todo o caminho, vindo a dar cabo de sua vida que se tornou miserável, lançando-se ao mar, em Barcelona, Espanha.

Acontece que o sucessor do infeliz fazendeiro um dia descobriu em seu quintal umas pedras duras que brilhavam maravilhosamente à luz do Sol, que estavam encobertas até então no pequeno riacho que atravessava a fazenda.

Mais tarde, um visitante, ao ver as pedras em cima da lareira, voltou-se para o novo dono e informou-o de que encontrara um dos maiores diamantes já vistos pelo homem. Pesquisas revelaram que a fazenda inteira estava coberta de pedras magníficas, semelhantes àquela.

A moral da história nos diz que as pessoas muitas vezes vão buscar longe a prosperidade quando ela está em seu quintal. Para atingir a prosperidade, dizia Conwell, comece onde você está, com aquilo que você é e tem – e agora!

Você vai ficar verdadeiramente rico o dia que perceber que ganhar dinheiro perdeu o significado. Dinheiro é apenas pedaço de papel ou rodelas de metal. O que importa é como você emprega a energia que ele representa.

Ele não fará com que você se torne uma pessoa diferente do que é hoje, mas colocará lentes de aumento no que você já é.

Portanto, esforce-se para transformar-se num ser humano cada vez melhor e utilize toda a prosperidade financeira que está construindo para agregar valor ao mundo à sua volta.

É importante que seu coachee entenda isso e assim você terá a certeza de que cumpriu bem a sua missão como Coach da Gratidão Financeira.

> Nesta aula você vai aplicar o seguinte exercício com o seu coachee:
> - Exercício 14: Ver para ter (ANEXO 30)
> Encerre a última sessão orientando-o a continuar a praticar a gratidão sempre.
> Acerte um novo pacote de sessões se for de interesse do coachee definindo novas metas e objetivos e repetindo a aplicação dos exercícios de gratidão. Você verá que as respostas serão diferentes porque seu coachee amadureceu.

A seguir quero fazer com você algumas considerações finais bastante importantes.

Solidificando os novos hábitos

Chegamos ao fim deste livro, e agora você tem muito trabalho pela frente ajudando centenas de pessoas a trilharem a jornada rumo à prosperidade através da Gratidão.

A gratidão deve tornar-se um hábito em sua vida, para que a prosperidade seja uma constante. Portas irão se abrir, pessoas especiais aparecerão no momento necessário, e sua sensibilidade para saber o que fazer e quando fazer estará aguçada. Seus cinco sentidos vão trabalhar alinhados com você, seu subconsciente o estará ajudando, e o mundo à sua volta, o universo, agirá em fluxo, à sua disposição.

Você agora tem alicerces sólidos, sustentando uma bela estrutura de crenças e padrões que só podem fazer você prosperar. Descobriu que o universo é abundante, pronto para dar a quem sabe agradecer.

Aprendeu a doar como formar de agradecer o que recebe; aprendeu também que o dinheiro precisa ser cuidado, direcionado, bem usado para que traga bênçãos para você e todos que o cercam, e que não basta só receber e gastar aleatoriamente, precisa saber também poupar e aplicar de forma consciente.

E mais do que aprender, agora você está pronto para ensinar, para espalhar a boa nova para todos os cantos do planeta.

Agora está na hora de praticar, afinal, saber e não fazer é ainda não saber.

É claro que seria irresponsabilidade começar a atender como Coach da Gratidão Financeira apenas a partir da leitura de um livro.

Então o próximo passo é você fazer a sua formação comigo, que sou a única pessoa no mundo autorizada a formar Coaches da Gratidão.

E não importa em que lugar você reside porque nossa formação acontece pela internet. Você pode ter todas as informações de que necessita nesse endereço aqui:

http://agratidaotransforma.com.br/coachinglivro/

Uma vez realizada a formação, o próximo passo é praticar. Assim como não se aprende a andar de bicicleta lendo manuais, assistindo cursos ou ouvindo explicações, você vai precisar praticar e quanto mais se exercitar, melhor você vai se sair.

Sugiro colocar muita energia em realizar o maior número possível de atendimentos. E como você vai fazer isso? Oferecendo-as gratuitamente. Atenda e atenda mais.

Talvez soe estranho para você ter que trabalhar sem ser remunerado, mas lembre-se que você está plantando sementes para o seu futuro, construindo o seu nome, adquirindo segurança, e isso não tem preço.

Quanto mais na vitrine você estiver, mais pessoas vão conhecer e indicar o seu trabalho.

Crie seu canal no YouTube, faça a sua fanpage no Facebook, crie seu site, deixe o mundo saber que você existe.

Comece a participar de Congressos, inclua palestrantes em seu rol de amigos, renove seu guarda-roupa adquirindo trajes que combinem com sua identidade de Coach da Gratidão.

Contrate um bom fotógrafo e faça um book porque você vai precisar de fotos profissionais para divulgar a sua imagem.

Um novo mundo está se descortinando para você. Agora é a sua vez de brilhar.

Curta cada momento dessa nova trajetória e ajude a transformar o mundo num lugar melhor para se viver porque a partir de hoje esta é a sua missão.

Agradeço porque você aceitou fazer esta jornada de Gratidão pela Prosperidade sendo guiado por mim e agora vai alçar novos voos, continuando essa nobre missão.

Estou certa de que venho realizando bem a minha missão de ensinar mais e mais pessoas a cumprirem seus próprios propósitos de vida, abrindo a torrente de abundância com que a Gratidão nos brinda quando nos rendemos a ela. No entanto, eu não estava fazendo isso na escala que eu gostaria, e agora com a sua ajuda, e de todos os seus pares, amigos e companheiros de nosso time de Coaches da Gratidão Financeira, poderemos ajudar um número infinitamente maior de pessoas.

A Gratidão já transformou a minha vida, vem transformando a de milhares de alunos de meus cursos, e tenho certeza que você está entre eles, para sempre.

A partir de agora a sua vida nunca mais será a mesma.

Se você deseja fazer a Formação Completa do Coach da Gratidão Financeira, trabalhando no meu time e certificado pela Abracoaches, entre aqui nesta página para se inscrever na formação online:

http://agratidaotransforma.com.br/coachinglivro/

Um forte abraço e que Deus continue cuidando de você até que nossos caminhos se cruzem novamente.

BILBIOGRAFIA

ADAMS, C. **Terapia da gratidão**. São Paulo: Paulus, 2002.

BYRNE, R. **O segredo**. Rio de Janeiro: Ediouro, 2009.

COVEY, S. **Os sete hábitos das pessoas altamente eficazes**. Rio de Janeiro: Best Seller.

DOUGLAS, W.; TEIXEIRA, W. **As 25 leis bíblicas do sucesso**. Rio de Janeiro: Sextante, 2012.

EKER, T. H. **Os segredos da mente milionária**. Rio de Janeiro: Sextante, 2006.

FRANCO, D. **Psicologia da gratidão**. Salvador: Leal, 2011.

FRANKL, V. E. **Em busca de sentido**. 2. ed. Petrópolis: Vozes, 1991.

HILL, N. **A lei do triunfo**: 16 lições práticas para o sucesso. Rio de Janeiro: José Olympio, 2016.

_____. **Quem pensa enriquece**. São Paulo: Fundamento, 2011.

KELLY, M. **Os sete níveis da intimidade**. Rio de Janeiro: Sextante, 2007.

KIYOSAKI, R.T.; LECHTER, S. L. **Pai rico, pai pobre**. Rio de Janeiro: Elsevier, 2000.

LUZ, M. **A gratidão transforma**. São Paulo: DVS, 2016.

_____. **A gratidão transforma a sua vida financeira**. São Paulo: DVS, 2017.

_____. **A gratidão transforma os seus pensamentos**. São Paulo: DVS, 2017.

_____. **Coach palestrante**. São Paulo: DVS, 2017.

LUZ, Márcia; PETERNELA, Douglas. **Lições que a vida ensina e a arte encena**. Campinas: Átomo, 2005.

_____. **Outras lições que a vida ensina e a arte encena**. Rio de Janeiro: Qualitymark, 2007.

MARTINS, C. W. **Desperte o milionário que há em você**: como gerar prosperidade mudando suas atitudes e postura mental. São Paulo: Gente, 2012.

NAVARRO, R. **Coaching financeiro**: a arte de enriquecer. Rio de Janeiro: Momentum, 2014.

ROBBINS, T. **Dinheiro**: domine esse jogo. Rio de Janeiro: Best Seller, 2017.

_____. **Poder sem limites**. Rio de Janeiro: Best Seller, 2017.

WATTLES, W. **A ciência de ficar rico**. Rio de Janeiro: Best Seller, 2017.

YVES, A. **Caderno de exercícios de gratidão**. Petrópolis: Vozes, 2015.

ANEXO 1
Formulário de Diagnóstico Inicial

CARACTERÍSTICAS PESSOAIS E PROFISSIONAIS:

1. A cultura da empresa onde você trabalha é mais *hard* ou mais *soft*?
2. E no passado, como era?
3. Como você gostaria que fosse no futuro?
4. Qual o tipo de líder você é hoje?
5. Como era no passado?
6. Como gostaria de ser no futuro?
7. Se eu estivesse entrevistando sua equipe, e se eles fossem absolutamente sinceros, o que diriam de você hoje?
8. E no passado?
9. E o que você gostaria que dissessem no futuro?
10. Quando você está fazendo o seu melhor, o que faz em termos relacionais?
11. E no seu pior?
12. Cite uma pessoa que você admira (pode ser de seu círculo de amizade, personalidade ou personagem). Quais são suas qualidades?
13. Se eu estivesse entrevistando seus amigos, cônjuge ou filhos, o que eles me diriam de positivo sobre você?
14. E o que eles reclamariam de você?
15. Você cultiva os seus relacionamentos? De que maneira? Visita, telefona, escreve, cumprimenta em datas significativas?

HISTÓRICO DE EVENTOS DE VIDA:

16. Cite 10 momentos de definição em sua vida. Escolha momentos importantes que aconteceram sem que você escolhesse passar por eles (por exemplo: separação dos pais). Relate também como você mudou após cada um deles.
17. Cite sete escolhas decisivas feitas por você e sua percepção de si mesmo em cada uma delas.

18. Cite cinco pessoas influentes em sua vida, positiva ou negativamente. Como cada uma delas influenciou você?
19. Há quanto tempo você não vai ao médico? Já fez algum *check-up*? Quando foi a sua última consulta? Qual foi o motivo?

DECLARAÇÃO DE PROPÓSITO OU MISSÃO:

20. Por que você acorda todos os dias? O que lhe dá motivação para trabalhar?
21. Qual o seu propósito no trabalho? O que você traz para a sua empresa?
22. O que o diferencia dos demais colaboradores da empresa?
23. Se hoje você estivesse se aposentando, o que gostaria que as pessoas viessem lhe dizer? Como gostaria de ser lembrado?
24. Qual legado você quer deixar quando partir deste mundo?

VALORES:

25. O que o motiva? Quando você se sente energizado?
26. Quando se sente importante? Por que isso é importante?
27. O que você faria de tudo para evitar (irritações, pesos, emoções, defeitos)?
28. O que você não tolera?
29. Todo homem tem seu preço (em dinheiro, joias, imóveis, benefícios, mordomia etc.)? Você concorda? Qual é o seu preço?

METAS:

30. Onde você gostaria de estar em 1, 3, 5 anos.
31. De tudo o que surgiu, qual é a meta mais importante?
32. Qual a competência que se você tivesse desenvolvida criaria maior impacto positivo agora para alcançar esta meta?
33. Qual é o seu grande sonho profissional ainda não realizado? Você tem esperança de conseguir realizá-lo? O que falta?
34. Você é, de fato, um profissional competente? Em que você é realmente bom? Que contribuições ou benefícios você pode proporcionar a um empregador ou cliente?

MAPEANDO O FUTURO:

35. Você tem alguma reserva financeira de contingência? Na falta do emprego, durante quantos meses conseguiria viver com suas próprias economias?
36. O que você faz diferente, o que você tem ou faz que os outros não fazem?
37. O que mais você precisa desenvolver para se diferenciar?
38. Quem se interessaria pelo que você tem a oferecer?

ANEXO 2
Formulário de Identificação do Propósito de Vida e Valores

PRATICANDO A BUSCA DO PROPÓSITO

Nem sempre é fácil definir o propósito de uma pessoa ou de uma organização. Isso acontece porque esse exercício nos remete a uma dimensão sutil, ainda que essencial, que nem sempre incluímos em nossas percepções.

Num grupo de trabalho onde o propósito não é claro, fica difícil as pessoas chegarem a um ponto de sintonia e consenso. A tarefa pode ser tão clara quanto transformar um bloco de argila em vaso, mas se as pessoas começarem a agir priorizando a forma que o vaso deve ter, existe a possibilidade de que as diferenças pessoais entrem em conflito, e o grupo não chegue à conclusão de como o vaso deve ser. Na presença de personalidades fortes, poderá prevalecer a opinião de alguns poucos. Mas será que o vaso de argila terá a qualidade e a vitalidade de todas as pessoas do grupo? Como as pessoas se sentirão diante da tarefa? Motivadas? Alegres? Satisfeitas? Como elas se sentirão em relação à obra final?

Em suma, se a forma é o fator determinante, existe a possibilidade de que algumas pessoas se sintam frustradas e fora da sintonia grupal.

Porém, se as pessoas estiverem conscientes, desde o início, de que o vaso tem um espaço vazio e que esse espaço é a sua prioridade, a forma poderá fluir com maior flexibilidade.

O conhecimento do propósito leva as pessoas e as organizações a buscarem o fator essencial e sutil que está por trás da forma e da aparência do que é concreto e mensurável.

Quando uma organização tem claro o motivo nobre que a leva a fazer o que faz, as pessoas descobrem um sentido para estar ali; elas acreditam no que fazem e sabem que estão ali não apenas para receber um contracheque no final do mês. Elas se sentem bem quando levantam pela manhã para ir ao trabalho porque sabem que o que fazem está adicionando valor ao mundo em que vivem.

> O encontro com um trabalho que dá sentido à vida tem um poder extraordinário. Quando se atende a essa necessidade humana, torna-se desnecessário indagar "como motivar as pessoas" ou "como fazê-las dar o melhor de si" – sua motivação passa a ser interior e seu desempenho passa a um novo patamar.

Os processos pelos quais uma pessoa ou uma organização precisam passar para chegar a uma afirmação clara de seu propósito são semelhantes na essência, porém bem diferentes quanto ao método e procedimentos.

Propomos um exercício prático, apresentado a seguir, para que todo executivo que assim o deseje possa criar a sua afirmação de propósito. O exercício é composto de quatro estágios e poderá ser praticado individualmente.

EXERCÍCIO PARA CRIAÇÃO DE UMA AFIRMAÇÃO DE PROPÓSITO

1º ESTÁGIO

*Entrando em contato com as capacidades, competências, talentos e habilidades: o que você pode **ser***

Neste estágio, é importante conscientizar quais são as competências centrais, as habilidades, talentos que você reconhece que tem, mesmo aqueles que não tenha posto em prática em alguma atividade. Por exemplo, você pode ter um talento musical, artístico, esportivo etc., com o qual não está conectado neste momento de sua vida.

1. Pense nas competências que lhe dão o sentido de ser quem você é. Faça uma lista dessas competências sem censurar-se, sem racionalizar em excesso.
2. Olhe para a sua lista e veja que capacidades/competências podem ser incluídas em outras mais abrangentes.
3. Faça uma seleção criteriosa, olhando para a sua lista, de qual seria a competência central e mais abrangente que você selecionaria. Para tornar mais fácil o exercício, selecione cinco, depois três e por último deixe apenas uma competência-chave.

Alguns exemplos de competências/talentos/capacidades:

- governar
- liderar
- iniciar atividades
- decolar coisas do zero
- ter visão clara
- apreender grandes conceitos
- distribuir energia equilibradamente
- ser inovador
- ser criativo
- ser intuitivo
- ver interiormente

- fazer contato com a essência de tudo
- ajudar
- restaurar
- educar
- salvar
- ser abrangente
- ser magnético
- pacificar
- ser adaptável
- negociar
- comunicar com clareza
- planejar
- administrar o tempo
- estudar
- filosofar
- criar estratégias
- discernir
- abstrair
- analisar
- perseverar
- ser pontual
- organizar
- ser flexível
- mudar
- transformar

2º ESTÁGIO

Entrando em contato com a sua ação no mundo: o seu **fazer**

Neste estágio, você vai perceber as diferentes maneiras de sua atuação no mundo. O que você faz que lhe dá um sentido de plenitude? O que você ama fazer?

1. Faça uma lista das coisas que você mais gosta de fazer, mesmo que não tenha se permitido fazê-las nos últimos tempos.
2. Em seguida, olhe para sua lista e veja as relações existentes entre as coisas que você faz. Veja se há elementos que convergem para uma mesma direção.
3. Selecione as palavras que convergem para um mesmo sentido até que você possa priorizar apenas três itens de sua lista.

Alguns exemplos do "fazer":

- orquestrar esforços coletivos
- orientar crianças
- coordenar grupos
- tomar decisões
- liderar grupos
- destruir o velho e construir o novo
- construir inventos
- dar início a novos projetos
- conciliar pelo perdão

- educar pessoas
- sintetizar questões diversificadas
- estudar
- despertar a consciência humana
- administrar o potencial humano
- inventar
- fazer descobertas
- pintar
- gerar equilíbrio
- realizar sonhos
- pesquisar
- questionar
- expressar curiosidade
- estimular curiosidade
- provar cientificamente
- estimular otimismo
- criar ordem e ritmo
- plantar
- meditar

3º ESTÁGIO

Entrando em contato com valores/qualidades/atitudes: o que se pode ter de mais **valioso**

Neste estágio você vai entrar em contato com o mundo que o cerca e buscar um centro interior de serenidade. Veja que fatos, imagens e situações emergem em sua consciência.

1. Anote os elementos-chave que você gostaria de ver manifestados no mundo. Veja que valores essenciais, atitudes e qualidades você gostaria de ajudar a manifestar. Em que tipo de mundo você gostaria de viver? Faça uma lista desses valores/ qualidades/ atitudes.
2. Perceba quais as relações existentes entre esses valores/ qualidades/ atitudes, como eles convergem para um ponto de síntese; quais os que podem ser inclusivos uns nos outros.
3. Selecione três itens da sua lista, aqueles que você mais gostaria de ajudar a manifestar.

Alguns exemplos de valores/qualidades/atitudes:

- retidão de caráter
- positividade
- equanimidade
- leveza
- calma
- clareza
- amor ao próximo como a si mesmo
- compaixão
- amor à natureza

- altruísmo
- imparcialidade
- dignidade
- afeição
- generosidade
- confiança
- pureza
- equilíbrio
- exatidão
- liberdade
- sinceridade
- justiça
- perfeição
- independência
- dedicação
- reverência pela vida
- doação
- mentalidade aberta
- interdependência

4º ESTÁGIO

Criando a sua afirmação de propósito

Agora você tem os elementos para criar a sua afirmação. Complete o quadro a seguir com os dados que você selecionou em cada estágio anterior.

Faça qualquer ajuste semântico que seja necessário e celebre o seu encontro com a sua afirmação de propósito.

O propósito de minha vida é expressar e aplicar minha capacidade de (preencha com o item selecionado no 1º estágio)

_____

por meio de (preencha com os itens selecionados no 2º estágio)

- _____
- _____
- _____

para ajudar a cocriar um mundo/sociedade onde prevaleçam (preencha com os itens selecionados no 3º estágio):

- _____
- _____
- _____

ANEXO 3
Roda da Vida

Avalie qual o seu nível de satisfação atual em cada uma das áreas da sua vida.

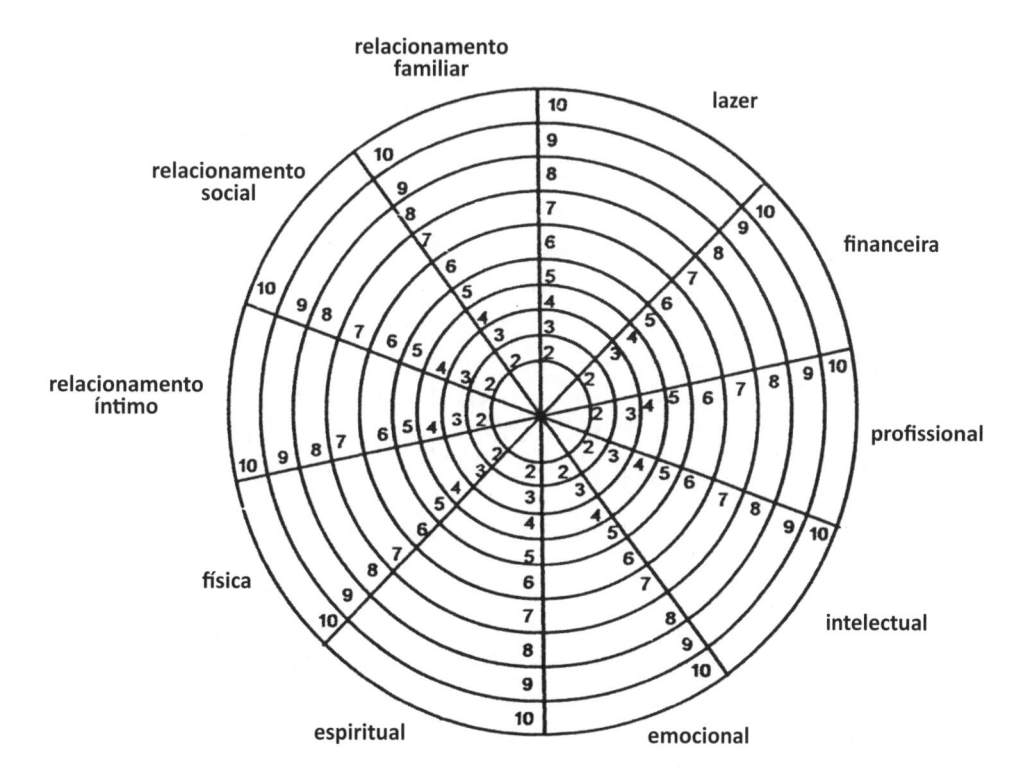

relacionamento familiar
lazer
relacionamento social
financeira
relacionamento íntimo
profissional
física
intelectual
espiritual
emocional

Qual dessas áreas, ao colocar um pouco mais de foco, você irá conseguir alavancar várias outras áreas da sua vida?

RESPOSTA AO ESTRESSE

ANEXO 4
Avaliação 360°

Pessoa foco da análise: _____ Data: _____

☐ Eu sou par do avaliado   ☐ Eu sou superior do avaliado   ☐ Eu sou subordinado do avaliado

Instruções: Para cada um dos itens a seguir, classifique cada comportamento usando a escala que vai de 1 a 5. Marque apenas uma nota por LINHA. Atenção! Para responder, imagine a pessoa em situação de estresse.

Rígido	5	4	3	2	1	Flexível
Inacessível	5	4	3	2	1	Acessível
Pouca energia	5	4	3	2	1	Energético
Desaba facilmente	5	4	3	2	1	Firme
Medroso	5	4	3	2	1	Desafia-se
Humor instável	5	4	3	2	1	Humor equilibrado
Pouco competitivo	5	4	3	2	1	Competitivo
Dependente	5	4	3	2	1	Autossuficiente
Não se compromete	5	4	3	2	1	Envolvido
Pouco amigável	5	4	3	2	1	Amigável
Passivo	5	4	3	2	1	Assertivo
Inseguro	5	4	3	2	1	Confiante
Impaciente	5	4	3	2	1	Paciente
Indisciplinado	5	4	3	2	1	Disciplinado
Pessimista	5	4	3	2	1	Otimista
Fechado a mudanças	5	4	3	2	1	Aberto a mudanças
Desmotivado	5	4	3	2	1	Motivado
Não consegue resolver problemas	5	4	3	2	1	Bom solucionador de problemas
Não sabe trabalhar em equipe	5	4	3	2	1	Trabalha em equipe
Não gosta de se arriscar	5	4	3	2	1	Gosta de se arriscar
Fora da forma física	5	4	3	2	1	Está em boa forma física
Linguagem corporal fechada	5	4	3	2	1	Linguagem corporal aberta
Não sabe ser leve no trabalho	5	4	3	2	1	Sabe ser leve no trabalho
Defensivo		4	3	2	1	Receptivo
Paralisa em situações de pressão	5	4	3	2	1	Proativo
Pouco senso de humor	5	4	3	2	1	Bom senso de humor

As respostas oferecidas nesta ferramenta são de caráter estritamente CONFIDENCIAIS, sendo examinadas apenas pelo Coach.

ANEXO 5
O Efeito Sombra: QUESTIONÁRIO

Somente quando temos coragem para enfrentar as coisas exatamente como elas são, sem qualquer autoengano ou ilusão, é que uma luz surgirá dos acontecimentos, pela qual o caminho do sucesso poderá ser reconhecido.

I Ching

1. Há quanto tempo você vem trabalhando os mesmos assuntos, seja na carreira, na saúde, nos relacionamentos pessoais ou nas finanças?
A) Menos de doze meses.
B) Um a três anos.
C) Mais de cinco anos.
D) Mais de dez anos.

2. Nos últimos doze meses, quantas vezes você guardou algo importante no lugar errado, recebeu uma multa de trânsito, teve um acidente ou destruiu algo de valor?
A) Nenhuma.
B) Uma ou duas.
C) Mais de cinco vezes.
D) Mais de dez vezes.

3. Com que frequência você se sente falso, inautêntico, ou acha que precisa de muito esforço para fazer com que as pessoas o vejam de determinada maneira?
A) O tempo todo.
B) Ocasionalmente.
C) Quase nunca.
D) Nunca.

4. Se seus amigos, colegas de trabalho e familiares fossem entrevistados, eles diriam que você reclama...

A) Raramente, ou nunca.
B) Talvez uma vez por dia.
C) Frequentemente.
D) O tempo todo.

5. Nos últimos doze meses, quantas vezes você disse ou fez algo de que se arrependeu depois, seja imediatamente ou com o passar do tempo?

A) Nenhuma.
B) Uma ou duas vezes.
C) Mais de cinco vezes.
D) Mais de dez vezes.

6. Depois de uma realização pessoal – alcançar o peso desejado, pagar as contas de seu cartão de crédito, organizar casa ou escritório etc. –, quais das emoções a seguir você é mais inclinado a sentir?

A) Aliviado por ter conseguido, mas cauteloso para não voltar aos antigos comportamentos.
B) Orgulhoso, no direito de receber um prêmio por todo seu trabalho duro!
C) Inspirado por seu sucesso e comprometido a continuar o bom trabalho.
D) Ressentido por precisar trabalhar tanto.

7. Com que frequência você percebe que está se sentindo inadequado, indigno, insuficientemente bom ou não amado?

A) O tempo todo.
B) Ocasionalmente.
C) Quase nunca.
D) Nunca.

8. Numa escala de 1 a 10, que disposição você tem de falar a verdade, mesmo quando ela vai de encontro à opinião dos outros?

A) 8 a 10 - Sou muito disposto a falar a verdade.
B) 5 a 7 - Na maioria do tempo estou disposto a falar a verdade.

C) 3 a 5 - Ocasionalmente estou disposto a falar a verdade.
D) 1 a 2 - Quase nunca estou disposto a falar a verdade.

9. Qual é o foco primário de sua vida nesse momento?
A) Avançar na carreira, melhorar a saúde, construir riqueza ou aprofundar relacionamentos.
B) Administrar relacionamentos desgastados ou "apagar incêndios" no trabalho ou em casa.
C) Fazer um progresso mensurável na direção de seus objetivos ao longo de um período razoável de tempo.
D) Tentar desviar ou evitar o desastre imediato nas finanças, nos relacionamentos ou na carreira.

10. Com que porcentagem de seu tempo você pode dizer que honra sua palavra e suas promessas – seja a si mesmo ou aos outros?
A) Menos de 10%.
B) Menos de 25%.
C) Aproximadamente metade do tempo.
D) A maior parte do tempo.

11. Quanto tempo você gasta diariamente com fofoca – seja sobre alguém que você conhece, lendo tabloides ou assistindo a programas de fofoca na televisão?
A) Tempo algum.
B) Menos de uma hora por hora.
C) Mais de uma hora por dia.
D) Mais de três horas por dia.

12. Qual das afirmações a seguir você usaria para descrever sua vida?
A) Na maior parte do tempo as coisas funcionam para mim com certa facilidade.
B) Eu tenho muitos talentos e dons, mas não os utilizo em seu total potencial.
C) Sou perseguido pelo azar e me vejo numa situação ruim após a outra.
D) Preciso trabalhar duro só para manter a média.

13. Quantas horas por dia você passa trabalhando para atingir seus objetivos de longo prazo?

A) Nenhuma.

B) Menos de vinte minutos por dia.

C) Uma hora ou mais por dia.

D) Você não tem objetivos de longo prazo.

14. Com que frequência você se sente maltratado, incompreendido ou como se alguém tirasse proveito de você tanto na vida pessoal quanto na profissional?

A) Todo dia.

B) Frequentemente.

C) Ocasionalmente.

D) Raramente ou nunca.

15. Quando lhe pedem que faça algo que você não tem interesse em fazer, você fica mais inclinado a:

A) Dizer não, de consciência tranquila.

B) Dizer não, mas se sentir culpado por isso.

C) Dizer sim, mas não cumprir.

D) Dizer sim, mas se ressentir por isso.

16. Imagine que sua vida é uma casa com muitos cômodos – de alguns, você gosta, de outros, tem vergonha. Quantas pessoas você permite ver todos os seus cômodos?

A) Ninguém.

B) Uma pessoa significativa – cônjuge, amante, melhor amigo ou irmão etc.

C) Um pequeno punhado de pessoas me conhece tão bem assim.

D) Há muita gente em minha vida que me conhece tão bem assim.

17. Quando você se sente magoado por alguém ou algo, o que tende a fazer?
  A) Guarda para você.
  B) Reflete, perdoa e segue em frente.
  C) Confronta a situação.
  D) Fala a respeito com todos, menos com a pessoa envolvida.

18. Quando você tem um impulso ou uma ideia de como melhorar algum aspecto de sua vida, o que faz?
  A) Ignora completamente.
  B) Dá alguns passos na direção certa, mas raramente vê o projeto chegar até a linha final.
  C) Diz a si mesmo que "um dia desses, eu faço".
  D) Cria uma estrutura de apoio ao redor de si mesmo para garantir que você entre em ação.

19. Na última vez que você se viu, inesperadamente, com um período livre, o que fez?
  A) Desperdiçou, fazendo compras em catálogos, vendo televisão ou navegando na internet.
  B) Usou a oportunidade para seguir adiante em um projeto importante.
  C) Relaxou e se rejuvenesceu tirando um cochilo, meditando ou lendo.
  D) Sua vida é tão caótica que você nem consegue se lembrar de quando teve um tempo livre inesperado.

20. Quando você comete um erro, o que é mais provável que faça?
  A) É gentil consigo mesmo e resolve fazer as coisas de forma diferente no futuro.
  B) Coloca as coisas em perspectiva, reconhecendo a si mesmo pelo que fez certo.
  C) Cai na autocrítica.
  D) Interpreta seu erro como uma evidência de que você é incompetente e para de tentar.

Calcule sua Pontuação – no gabarito a seguir, circule a resposta que você escolheu para cada pergunta e, ao terminar, some os pontos.

O EFEITO SOMBRA – AVALIAÇÃO

Pergunta 1

A = 1, B = 3, C = 5, D = 8

Pergunta 2

A = 1, B = 3, C = 5, D = 8

Pergunta 3

A = 5, B = 3, C = 1, D = 0

Pergunta 4

A = 0, B = 1, C = 3, D = 5

Pergunta 5

A = 0, B = 1, C = 3, D = 5

Pergunta 6

A = 0, B = 5, C = 0, D = 3

Pergunta 7

A = 5, B = 3, C = 1, D = 0

Pergunta 8

A = 0, B = 1, C = 3, D = 5

Pergunta 9

A = 0, B = 3, C = 0, D = 5

Pergunta 11

A = 0, B = 3, C = 5, D = 8

Pergunta 12

A = 0, B = 3, C = 5, D = 3

Pergunta 13

A = 5, B = 3, C = 0, D = 5

Pergunta 14

A = 5, B = 3, C = 1, D = 0

Pergunta 15

A = 0, B = 3, C = 3, D = 5

Pergunta 16

A = 5, B = 3, C = 1, D = 0

Pergunta 17

A = 5, B = 0, C = 1, D = 5

Pergunta 18

A = 5, B = 3, C = 3, D = 0

Pergunta 19

A = 5, B = 0, C = 0, D = 3

Pergunta 10

A = 8, B = 5, C = 3, D = 1

Pergunta 20

A = 0, B = 0, C = 5, D = 5

TOTAL DE PONTOS = _____

AGORA DESCUBRA COMO O EFEITO SOMBRA ESTÁ AGINDO EM SUA VIDA.

Se marcou entre 3 e 37 pontos: Você está na zona neutra, o que significa que está livre (por hora) de muitas crenças e ferimentos internos que dão origem aos comportamentos destrutivos causados por sua sombra. Você possui uma elevada autoestima, suas ações estão proximamente alinhadas aos seus valores e você provavelmente está realizando um progresso em direção aos seus objetivos de longo prazo. Continue amando e ouvindo a si mesmo.

Se marcou entre 38 e 75 pontos: Talvez você não esteja vivenciando totalmente o peso e o impacto da sombra nesse momento, mas, provavelmente, está empregando muito esforço para reprimir e esconder partes que desgosta de si mesmo e de sua vida. A energia que está usando para impedir que as coisas fujam ao controle — seja no trabalho, em casa, ou em relação à saúde e bem-estar — estaria mais bem empregada se fosse direcionada na obtenção de seus objetivos e desejos.

Se marcou entre 76 e 112 pontos: Ou você gasta muito tempo e energia tentando administrar a opinião alheia a seu respeito, ou está profundamente resignado quanto às condições de sua vida. Isso é a sombra trabalhando, e ela o paralisa na tomada de ações corretivas. Se for deixada à revelia, o caos interno que está vivenciando pode levá-lo ao caminho do desastre. No entanto, a boa notícia é que cada ato de sabotagem própria apresenta uma oportunidade de despertá-lo ao que é verdadeiramente importante. Abra seu coração, examine a sombra e você começará a ver como a sua dor mais profunda, quando digerida e compreendida, é moldada para levá-lo ao seu destino maior.

O trabalho com a sombra é o trabalho do guerreiro do coração.

Fonte: TheShadowEffect.com

ANEXO 6
Diagrama de Campo de Forças

A análise do Campo de Forças é uma ferramenta que foi desenvolvida por Kurt Lewin, um renomado pesquisador no campo das Ciências Sociais. No coaching, utilizamos esta ferramenta para diagnosticar situações e promover a otimização dos resultados.

Através da análise do Campo de Forças podemos identificar as forças de propulsão e de retenção em cada situação analisada, bem como encontrar caminhos para equilibrar estas forças, atuando de forma a potencializar os aspectos positivos e minimizar os negativos.

No processo de coaching, trabalhamos com questionamentos que permitam refletir sobre a situação atual do indivíduo, a distância em relação aos seus objetivos e verificar formas de torná-los realizáveis.

Vamos iniciar o processo:

Análise do Campo de Forças:

Acompanhe os passos abaixo junto ao diagrama em anexo.

Passo 1: Defina sua situação atual. (O Problema) – Descreva o problema que você está enfrentando e que deseja encontrar uma solução.

Passo 2: Defina o seu objetivo (Resultado Esperado) – Descreva, de forma sucinta, como seria o resultado esperado da solução deste problema. A melhor forma para que você se sinta plenamente satisfeito.

Passo 3: Identifique todas as possíveis forças impulsionadoras – Faça uma lista das possíveis forças impulsionadoras que podem auxiliá-lo neste processo.

Passo 4: Identifique todas as possíveis forças contrárias – Faça uma segunda lista com as forças contrárias que podem prejudicar ou interferir no desenvolvimento deste processo.

Passo 5: Análise as forças, concentrando-se em:
- Redução das forças contrárias de resistência
- Fortalecimento ou adição de forças impulsionadoras e favoráveis ao processo.

Passo 6: Desenvolva um plano de ação para atender os itens anteriores - O Plano de ação deve ser algo prático e que você possa iniciar sem dependência de terceiros e que apresente um resultado positivo para você e o meio no qual você convive. Toda mudança provém da ação. Se criarmos um plano de ação ágil, teremos um índice muito maior de mudança. É sempre bom lembrar que qualquer processo de coaching deve ser desenvolvido visando atitudes reais e concretas, e que ter determinação para sair da zona de conforto, e tomar uma atitude, é o principal princípio de qualquer processo de desenvolvimento pessoal.

ANÁLISE DO CAMPO DE FORÇA – DIAGRAMA

1 - Situação Atual	2 - Situação Desejada
3 - Forças Impulsionadoras	**4 - Forças Contrárias**
6 - Plano de Ação	

ANEXO 7
Fatores de Sucesso

Richard Saint John, autor do livro *Os oito segredos do sucesso*, após entrevistar 500 pessoas de sucesso, chegou à conclusão de que os ingredientes para o sucesso são os seguintes:

1. Paixão: ame o que você faz e trabalhe pela paixão, e não pelo dinheiro, e você verá a compensação financeira chegar como consequência.
2. Trabalho: as pessoas de sucesso trabalham muito e sentem prazer nisso.
3. Foco: canalize seus esforços para seus objetivos.
4. Esforço: supere suas limitações físicas e mentais.
5. Ideias: cultive-as e implemente-as.
6. Aperfeiçoamento: melhoria contínua é o segredo.
7. Servir: ofereça às pessoas algo inestimável e de valor.
8. Persista: porque o sucesso não ocorre do dia para a noite e você passará por vários fracassos antes de vencer.

Agora é a sua vez: complete a lista indicando mais dois fatores que são seus diferenciais e que podem conduzi-lo ao sucesso:

9. _____
   _____
   _____

10. _____
    _____
    _____

ANEXO 8
Matriz Comportamental de Alta Performance

Nossos pontos fortes demonstram os aspectos pelos quais somos diferenciados. Potencializá-los depende somente da determinação em aprimorá-los através de treino e reavaliações constantes, sabendo que quanto maior o esforço, melhor será o resultado.

No processo de autodesenvolvimento vale dizer que o investimento maior deve ser feito no sentido de implementar melhorias no que tange aos nossos pontos fortes, uma vez que desenvolver as aptidões para as quais já somos propensos é bem mais fácil e prazeroso. Além disso, fortalecendo ainda mais seus pontos positivos, você estará melhor preparado para superar ou neutralizar os aspectos não desejados em sua personalidade/comportamento.

Procure desenvolver hábitos que mobilizem consistentemente seus talentos, sabendo que o treino conduz à melhoria contínua e ao aprimoramento.

Para identificar seus pontos fortes, responda quais são as cinco qualidades/ características que você possui e que lhe permitem se relacionar bem com cada um dos níveis abaixo:

Minhas qualidades/ características que me permitem bom relacionamento:

Com o contexto (ambientes onde costumo estar inserido tais como família, associações, clubes):
1. _____
2. _____
3. _____
4. _____
5. _____

Com a empresa (local onde trabalho):
1. _____
2. _____
3. _____
4. _____
5. _____

Com os outros (amigos, vizinhos, colegas de trabalho):
1. _____
2. _____
3. _____
4. _____
5. _____

Comigo (aspectos positivos na forma como me relaciono comigo, quando estou sozinho e em contato com o meu EU):
1. _____
2. _____
3. _____
4. _____
5. _____

ANEXO 9
Roda da Gratidão pela Vida

Avalie o quanto você vem agradecendo ultimamente a Deus, ao universo, a si mesmo, pelas diferentes áreas da sua vida. Lembre-se de subtrair a quantidade de reclamações da nota atribuída aos agradecimentos, pois não é possível reclamar e ser grato ao mesmo tempo.

Para saber o quanto você está colocando de gratidão, basta observar o quanto aquela área está caminhando; se ela não vai bem, tenha certeza que falta exercitar a gratidão.

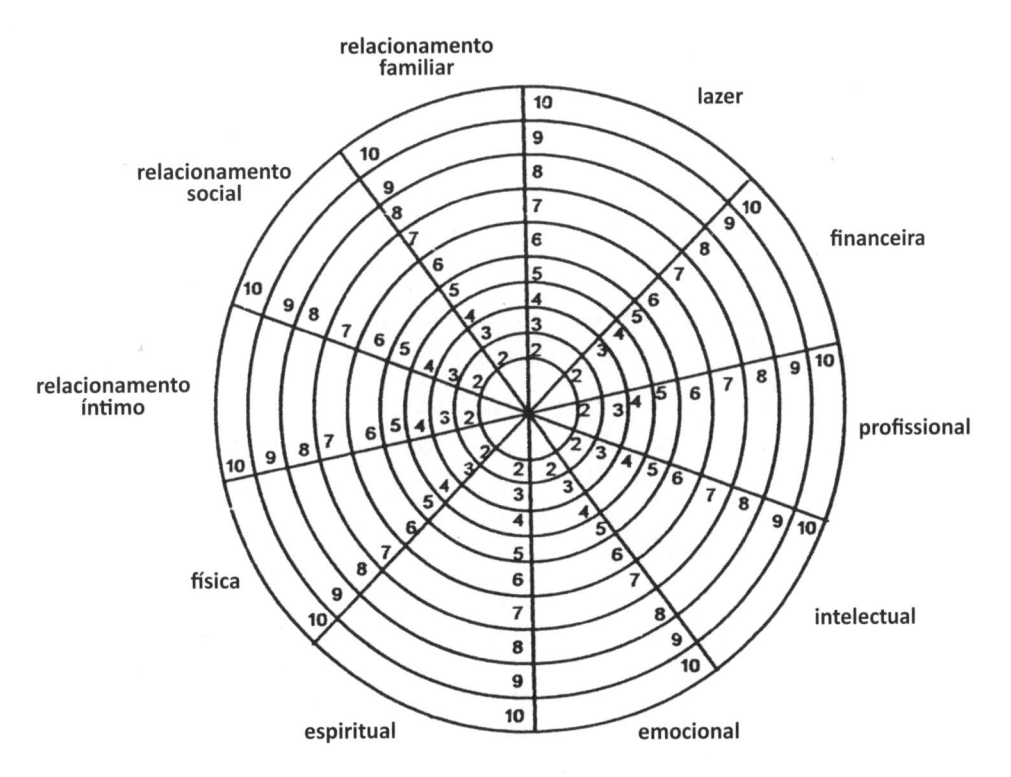

Qual dessas áreas, ao colocar um pouco mais de gratidão, você irá conseguir alavancar várias outras áreas da sua vida?

ANEXO 10
Formulário de identificação de crenças limitantes e sabotadores

Crenças limitantes são todas as ideias que você viu, ouviu ou concluiu e acabaram se tornando uma verdade absoluta para você e que limitam ou impedem de pensar ou agir de determinada forma. Elas costumam vir acompanhadas de pensamentos sabotadores, também conhecidos como diálogos internos negativos, que é aquela vozinha dentro de nossa cabeça que nos empurra para baixo e detona a autoestima.

Veja agora 60 exemplos de crenças limitantes e pensamentos sabotadores relacionados à prosperidade financeira e identifique quais deles ressoam dentro de você prejudicando a sua vida. Assinale com um X em todos que parecem ser verdade emocionalmente para você, ainda que racionalmente você saiba que não deve se sentir assim.

1. ( ) Nunca vou conseguir dinheiro suficiente.
2. ( ) Não tenho dinheiro para nada.
3. ( ) Só é possível ganhar dinheiro fazendo coisas erradas.
4. ( ) Eu não mereço sucesso ou coisas boas.
5. ( ) É melhor dar do que receber.
6. ( ) Sem trabalho duro não se consegue nada.
7. ( ) Estou destinado a essa vida e a ser desse jeito porque essa é a situação da minha família e, por isso, é a minha.
8. ( ) O mundo está em crise e, por isso, tudo está muito difícil para mim.
9. ( ) Não é possível viver do que se ama.
10. ( ) Dinheiro não traz felicidade.
11. ( ) Dinheiro é sujo.
12. ( ) Os ricos são gananciosos.
13. ( ) Só enriquece quem rouba.
14. ( ) Quem nasce pobre, morre pobre.
15. ( ) O dinheiro não é importante.
16. ( ) Dinheiro não cresce em árvores.
17. ( ) Investir dinheiro é para os ricos.
18. ( ) As melhores oportunidades só aparecem para quem já tem muito dinheiro.

19. ( ) O dinheiro é a raiz de todo o mal.
20. ( ) É pecado ser rico.
21. ( ) Só se for pobre é que vou para o paraíso, pois diz-se que é mais fácil um camelo passar pelo fundo de uma agulha do que um homem rico entrar no céu.
22. ( ) Quanto mais riqueza tiver, menos há para os outros.
23. ( ) Ter muito dinheiro vai me tornar menos espiritual.
24. ( ) Ter muito dinheiro é arriscado, porque podemos ser sequestrados ou assaltados.
25. ( ) Se eu tiver dinheiro pessoas oportunistas vão querer me explorar.
26. ( ) Terei que sustentar toda a família se tiver dinheiro.
27. ( ) As pessoas vão se aproximar de mim apenas por interesse.
28. ( ) Enriquecer é uma questão de sorte.
29. ( ) Poupar para quê? Posso não estar vivo amanhã.
30. ( ) Passei necessidade na infância; agora quero tudo do bom e do melhor e não vou economizar.
31. ( ) O dinheiro sobe à cabeça das pessoas.
32. ( ) O dinheiro não é tão importante.
33. ( ) Eu já tenho tudo o que preciso para ser feliz; querer mais é sinal de ganância.
34. ( ) O que as pessoas vão dizer quando souberem que eu quero ficar rico?
35. ( ) Quem poupa é avarento.
36. ( ) Prefiro ser pobre do que adoecer.
37. ( ) Ganho pouco porque não tive as oportunidades que os outros tiveram.
38. ( ) Quem é rico teve sorte na vida e foi escolhido pelo destino.
39. ( ) Não saberia lidar com muito dinheiro.
40. ( ) Se ganhar dinheiro, serei criticado e me importo muito com críticas.
41. ( ) Para ter dinheiro teria que fazer acordos desonestos.
42. ( ) A riqueza vai me trazer alguma dor.
43. ( ) Não consigo me controlar quando tenho dinheiro no bolso.
44. ( ) Para eu ser rico, só se ganhar na loteria.
45. ( ) Não me acho merecedor para ser rico.

46. ( ) Meu pai foi pobre, eu serei pobre.
47. ( ) Meu pai sempre foi pobre, não sou melhor que ele.
48. ( ) Nasci do lado errado do muro.
49. ( ) Não posso agradar a Deus e ao dinheiro.
50. ( ) Não acho certo pedir muito dinheiro para Deus.
51. ( ) Deus não aprova a riqueza.
52. ( ) Dinheiro não vem de forma fácil.
53. ( ) Não há o suficiente para todo mundo.
54. ( ) Felicidade de pobre dura pouco. Se eu ganhar dinheiro vai durar pouco.
55. ( ) Dinheiro traz discórdia.
56. ( ) Se eu tiver dinheiro terei que emprestar e acabarei perdendo os amigos.
57. ( ) Se eu fizesse um milhão de dólares, eu poderia perdê-lo e daí me sentiria estúpido e odiaria a mim mesmo para sempre.
58. ( ) É melhor ter menos do que ser responsável pelas dificuldades dos outros.
59. ( ) Os ricos ficam cada vez mais ricos; os pobres, cada vez mais pobres.
60. ( ) Para economizar dinheiro você tem que se privar das coisas.

ANEXO 11
Formulário de Reavaliação

Já caminhamos bastante em seu processo de autodesenvolvimento e provavelmente você já apresentou progressos nas competências desejadas no Líder Coach Transformador e no Coach da Gratidão. É hora então de você realizar uma autoavaliação sincera acerca de cada um dos itens nos quais sua equipe o avaliou no início do processo.

A seguir você encontrará os comportamentos listados na avaliação 360° e deverá atribuir-se uma nota de 1 a 10 em cada um dos itens.

Comportamentos	Nota que você se atribui atualmente (faça um círculo ao redor da nota escolhida)									
Flexível	1	2	3	4	5	6	7	8	9	10
Acessível	1	2	3	4	5	6	7	8	9	10
Energético	1	2	3	4	5	6	7	8	9	10
Firme	1	2	3	4	5	6	7	8	9	10
Desafia-se	1	2	3	4	5	6	7	8	9	10
Humor equilibrado	1	2	3	4	5	6	7	8	9	10
Competitivo	1	2	3	4	5	6	7	8	9	10
Autossuficiente	1	2	3	4	5	6	7	8	9	10
Envolvido	1	2	3	4	5	6	7	8	9	10
Amigável	1	2	3	4	5	6	7	8	9	10
Assertivo	1	2	3	4	5	6	7	8	9	10
Confiante	1	2	3	4	5	6	7	8	9	10
Paciente	1	2	3	4	5	6	7	8	9	10
Disciplinado	1	2	3	4	5	6	7	8	9	10
Otimista	1	2	3	4	5	6	7	8	9	10
Aberto a mudanças	1	2	3	4	5	6	7	8	9	10
Motivado	1	2	3	4	5	6	7	8	9	10
Bom solucionador de problemas	1	2	3	4	5	6	7	8	9	10
Trabalha em equipe	1	2	3	4	5	6	7	8	9	10
Gosta de se arriscar	1	2	3	4	5	6	7	8	9	10
Está em boa forma física	1	2	3	4	5	6	7	8	9	10
Linguagem corporal aberta	1	2	3	4	5	6	7	8	9	10
Sabe ser leve no trabalho	1	2	3	4	5	6	7	8	9	10
Receptivo	1	2	3	4	5	6	7	8	9	10
Proativo	1	2	3	4	5	6	7	8	9	10

ANEXO 12
Plano de Ação do Coach da Gratidão Financeira

Para facilitar o seu trabalho como Coach, vou apresentar a seguir uma lista de ações que você irá realizar nas sessões de coaching, na ordem em que deverão acontecer:

1. Abrir inscrições para o trabalho de Coaching entre seus liderados.
2. Selecionar os dois primeiros candidatos que serão atendidos.

Reunião de esclarecimento:

3. Em reunião individual, combinar com cada um dos coachees as questões logísticas (acordo, local do encontro e horário, confidencialidade, materiais incluindo dois cadernos, sendo que um será o caderno de metas e atividades e o outro, o caderno da gratidão, orientações básicas).
4. Apresente os principais conceitos e nomenclaturas (coach, coaching, coachee). Esclareça ao seu coachee que a ferramenta número 1 do coaching é a pergunta.
5. Fale sobre os papéis do Coach da Gratidão Financeira (Apoiador estratégico, Transformador de paradigmas, Estimulador do desenvolvimento interpessoal).
6. Apresente os 10 mitos e verdades sobre o coaching.
7. Agendem a data, horário e local da primeira sessão.

1ª sessão de coaching:

8. Faça a coleta de dados e a aliança inicial (metas iniciais, escuta ativa, sinalize desafios e oportunidades).
9. Estabeleça uma Visão de Futuro (declaração da missão, valores).
10. Aplique o Formulário de Identificação do Propósito de Vida e Valores (Anexo 2).
11. Aplique a Roda da Gratidão pela Vida (Anexo 9). Até aqui você está trabalhando com ele o primeiro princípio da Liderança Transformadora: Descubra quem você é. A seguir, você entrará com seu coachee no segundo princípio da Liderança Transformadora: Identifique como você é visto pelos outros.

12. Apresente o questionário Como você me vê (Anexo 13) e explique como ele deverá aplicar em seu grupo de referência (no mínimo 5 pessoas).

2ª sessão de coaching:

13. O seu coachee pode estar bem impactado com os resultados das avaliações. Você deverá ajudá-lo a administrar isso trabalhando com ele o terceiro princípio da Liderança Transformadora: Aceite-se integralmente. Fale sobre o Efeito Sombra. Deixe-o desabafar. Não dê conselhos. Apenas ouça. E dê como tarefa de casa para ele assistir ao filme *A família do futuro*.
14. Você ajudará o coachee a definir as metas dele (Meta de desenvolvimento ou estratégica e Meta de performance ou de competência). Utilize o Formulário Avaliação Inicial do seu Modelo de Dinheiro (Anexo 14) e o Formulário de Definição de Metas Financeiras (Anexo 15) e peça para que ele vá anotando as respostas. Se o coachee ainda estiver com dificuldade para definir por onde começar, que metas priorizar, as seguintes perguntas podem ajudar: Onde você gostaria de estar em 1, 3 e 5 anos? De tudo isso que você enumerou, qual a meta mais importante para você aqui dentro da empresa hoje? Qual a competência que criaria maior impacto positivo agora para alcançar esta meta? Depois disso, aplique os cinco quesitos anteriores para ver se a meta está adequada (É específica? Mensurável? Alcançável? Relevante? Será alcançada em quanto tempo?).
15. Se necessário, ajude-o a dividir as metas em minimetas.
16. Ajude-o a construir o Plano de Ação para alcançar esta meta. Utilize o formulário para confecção do Plano de Ação (Anexo 16).
17. Faça com que o coachee busque no passado momentos de sucesso em relação ao que quer desenvolver.
18. Utilize-se das perguntas poderosas: O que ele vai fazer? Como vai fazer? Quando vai fazer?
19. Faça com que o coachee liste as ações que realizará com a data de entrega.
20. Peça para o coachee olhar cada uma das ações que traçou e dar uma nota de 0 a 10 para o quanto se sente preparado para colocá-las em prática. Se alguma nota for baixa, peça para que ele relate quais são os dificultadores e como poderia contorná-los.
21. Se o obstáculo for emocional, e se o coachee desejar, você pode propor usar uma técnica de role play ou a técnica de mentalização.

22. Explique sobre o Caderno da Gratidão pela prosperidade financeira (exercício 1, Anexo 17) e deixe como tarefa de casa providenciar e trazer preenchido, junto com o caderno de metas e atividades.

3ª sessão de coaching:
23. Peça para o coachee relatar suas ações e resultados.
24. Comemore cada pequeno progresso.
25. Faça com que ele avalie quais foram suas vitórias e o que precisa reformular. Para isso, utilize as perguntas poderosas e a técnica do gravador.
26. Trabalhe com ele o próximo plano de ação.
27. Aplique o Formulário de Identificação de crenças limitantes e sabotadores (Anexo 10).
28. Aplique o exercício 2: Mudança de Programação Verbal para construção de alicerces sólidos (Anexo 18).
29. Aplique o exercício 3: Ressignificando crenças limitantes e sabotadores (Anexo 19).

4ª sessão de coaching:
30. Repita o procedimento da sessão anterior.
31. Averigue se ele está preenchendo o Caderno da Gratidão diariamente.
32. Aplique o exercício 4: Modificando exemplos (Anexo 20).

5ª sessão de coaching:
33. Repita o procedimento da sessão anterior. Quando uma meta for alcançada, passe para a próxima meta e assim sucessivamente.
34. Averigue se ele está preenchendo o Caderno da Gratidão diariamente.
35. Aplique o exercício 5: Mudança de episódios específicos (Anexo 21).

6ª sessão de coaching:
36. Repita o procedimento da sessão anterior. Quando uma meta for alcançada, passe para a próxima meta e assim sucessivamente.
37. Averigue se ele está preenchendo o Caderno da Gratidão diariamente.
38. Aplique o exercício 6: Máquina de imprimir dinheiro (Anexo 22) e o exercício 7: Aprendendo a poupar enquanto agradece (Anexo 23).

7ª sessão de coaching:

39. Repita o procedimento da sessão anterior. Quando uma meta for alcançada, passe para a próxima meta e assim sucessivamente.
40. Averigue se ele está preenchendo o Caderno da Gratidão diariamente.
41. Aplique o exercício 8: Utilizando o dinheiro com consciência e gratidão (Anexo 24) e o exercício 9: Sou responsável (Anexo 25).

8ª sessão de coaching:

42. Repita o procedimento da sessão anterior. Quando uma meta for alcançada, passe para a próxima meta e assim sucessivamente.
43. Averigue se ele está preenchendo o Caderno da Gratidão diariamente.
44. Aplique o exercício 10: Potencializando a gratidão (Anexo 26) e o exercício 11: A roda da abundância (Anexo 27).

9ª sessão de coaching:

45. Repita o procedimento da sessão anterior. Quando uma meta for alcançada, passe para a próxima meta e assim sucessivamente.
46. Averigue se ele está preenchendo o Caderno da Gratidão diariamente.
47. Aplique o exercício 12: Pedindo com sinergia (Anexo 28) e o exercício 13: A carta de intenção (Anexo 29).

10ª sessão de coaching:

48. Repita o procedimento da sessão anterior. Quando uma meta for alcançada, passe para a próxima meta e assim sucessivamente.
49. Averigue se ele está preenchendo o Caderno da Gratidão diariamente.
50. Aplique o exercício 14: Ver para ter (Anexo 30).
51. Encerre a última sessão despedindo-se do seu coachee e orientando-o a continuar a praticar a gratidão durante toda a vida.
52. Acerte um novo pacote de sessões se for de interesse do coachee definindo novas metas e objetivos e repetindo a aplicação dos exercícios de gratidão. Você verá que as respostas serão diferentes porque seu coachee amadureceu.

Observação importante: Quando sentir necessidade de complementar as aprendizagens do coachee, utilize-se de tarefas de casa como a leitura de um livro, de um texto, ou mesmo assistir um filme relevante.

Alguns filmes sugeridos para trabalhar mindset financeiro:

- O segredo
- À procura da felicidade
- Divertida mente
- A família do futuro
- Gênio indomável
- Jerry Maguire: a grande virada
- Homens de honra
- O diabo veste Prada

ANEXO 13
Questionário: Como Você me Vê

Olá amigo,

Estou num processo de autodesenvolvimento e meu objetivo principal é crescer como ser humano e profissional. Sei que se eu progredir na maneira como lido com as minhas finanças, várias áreas de minha vida também vão prosperar.

Como qualquer outra pessoa cometo falhas e gostaria de sua ajuda sincera e amorosa apontando possíveis erros que estou cometendo e como posso melhorar.

Então peço sua generosidade respondendo às cinco questões abaixo:

1. Você me vê como um poupador natural ou um gastador habitual?
_____
_____
_____
_____
_____

2. Quais os principais erros eu posso estar cometendo na administração do meu dinheiro?
_____
_____
_____
_____
_____

3. O que você faria diferente de mim em matéria de finanças?
_____
_____
_____
_____
_____

4. Onde você acha que eu poderia economizar?
_____
_____
_____
_____
_____

5. O que você faria no meu lugar para gerar mais renda?
_____
_____
_____
_____
_____

ANEXO 14
Avaliação Inicial do Modelo de Dinheiro

Estas questões ajudarão a identificar qual é o seu modelo de dinheiro e que possíveis crenças limitantes podem estar prejudicando a sua prosperidade financeira; portanto seja realmente muito honesto em suas respostas.

1. O que é riqueza para você?
_____
_____
_____
_____

2. O que o faz se sentir rico?
_____
_____
_____
_____

3. Como está a sua situação financeira hoje? (Momento atual)
_____
_____
_____
_____

4. Qual o seu fluxo estável de renda mensal?
_____

5. Em uma escala de 0 a 10, qual o seu grau de satisfação com seu fluxo de renda mensal?
_____

6. Quais ações você poderia tomar para dobrar o seu lucro, salário ou retirada?
_____
_____
_____
_____

7. Você vive abaixo, dentro ou acima de sua renda?
_____

8. Você é um poupador natural ou um gastador habitual?
_____

9. Quanto você pode poupar por mês a mais do que está poupando?
_____

10. Você possui algum tipo de dívida? Qual?
_____

11. Você tem o hábito de parcelar a fatura do seu cartão de crédito?
_____

12. Você tem o hábito de utilizar o cheque especial?
_____

13. Você utiliza suas compras no cartão de crédito para gerar pontos/milhas?
_____

14. Quais despesas podem ser dispensáveis?
_____
_____
_____
_____

15. Quais os principais erros que você comete na administração do seu dinheiro?

_____
_____
_____
_____

16. Quais são seus medos financeiros?

_____
_____
_____
_____

17. Você se considera uma pessoa merecedora da prosperidade?

_____
_____

18. O que é prioridade para você: ganhar, ter ou usufruir o dinheiro?

_____

19. Você organiza suas receitas e despesas em uma planilha de controle?

_____

20. Você acompanha o mercado financeiro ou utiliza algum índice de acompanhamento e controle financeiro?

_____

21. Como você gostaria de estar em 1, 3 e 5 anos em matéria de resultado financeiro?

_____
_____
_____
_____

22. De tudo isso que você enumerou, qual a meta financeira mais importante para você hoje?

_____
_____
_____
_____

23. O que você precisa mudar agora para alcançar esta meta?

_____
_____
_____
_____

ANEXO 15
Formulário de Definição de Metas Financeiras

Imagine-se alcançando os resultados financeiros que você deseja profundamente na vida. Quais seriam eles? Qual a sensação que eles lhe dão? Que palavras você usaria para descrevê-los?

Responda a estas perguntas. Use o tempo presente, como se estivesse acontecendo neste instante. Se as categorias não encaixarem exatamente nas suas necessidades, ajuste-as livremente. Prossiga até que um quadro completo do que você quer esteja preenchido nas páginas.

Que coisas materiais você gostaria de possuir?
_____
_____
_____
_____
_____

Como você gostaria de estar em 1, 3 e 5 anos em matéria de resultado financeiro?
_____
_____
_____
_____
_____

De tudo que você enumerou, qual a meta financeira mais importante para você hoje?
_____
_____
_____
_____
_____

ANEXO 16
Formulário para Confecção de Plano de Ação

META O que vai fazer?	ESTRATÉGIA Como?	CRONOGRAMA Quando?	RECURSOS Do que precisa?
1.			
2.			
3.			
4.			
5.			

ANEXO 17
Exercício 1: O Caderno da Gratidão pela Prosperidade Financeira

Este é nosso primeiro exercício da gratidão e ele vai nos acompanhar durante as oito semanas que temos pela frente de atendimento em sua Jornada da Gratidão pela Prosperidade Financeira.

O exercício consiste no seguinte: você vai escolher um caderno que considere especial para ser o seu Caderno da Gratidão pela Prosperidade Financeira. É importante que este lhe seja simpático porque irá acompanhá-lo durante todo esse período e possivelmente continuará sendo utilizado por você durante muito tempo, mesmo depois que encerrar a jornada.

Evite reaproveitar agendas ou cadernos velhos onde sobraram páginas. É importante que este caderno seja significativo para você e escolhê-lo ou confeccioná-lo já faz parte do processo de mudança de seu padrão energético.

E o que você vai fazer com o caderno uma vez escolhido e preparado? Você vai começar a enumerar todas as bênçãos de sua vida financeira, as que já ocorreram, as que estão presentes hoje e as que começarão a acontecer durante sua jornada.

O desafio é anotar três agradecimentos ligados à área financeira por dia, e isso você fará todos os dias a partir de hoje. Isto significa que ao final das oito sessões de coaching que vocês têm pela frente, uma por semana, o que lhes dará oito semanas de trabalho ainda, sua lista de agradecimentos estará no mínimo com 168 itens (3 por dia multiplicado por 8 sessões com 7 dias entre elas: 3 x 8 x 7).

O ideal é que você não repita o mesmo agradecimento mais de uma vez, porém, se por algum motivo é bem importante para você repetir porque aconteceu algo significativo, não há problema algum.

A princípio talvez seja difícil encontrar três agradecimentos por dia, mas conforme for exercitando, perceberá que é capaz de lembrar-se de muito mais que três motivos ligados à área financeira para agradecer.

Aprender a ser grato é muito poderoso porque a vida nos dá mais do mesmo. Se você agradece pelo dinheiro que recebeu de salário, ainda que esteja ganhando pouco, isso não vai fazer com que o universo entenda que você está feliz e conformado apenas com aquele valor; o que ocorre energeticamente quando você agradece pelo dinheiro, e não importa a quantia, é que mais dinheiro chegará à sua vida; e aí você agradece de novo, e assim sucessivamente.

Quando terminar de escrever os três itens do dia, releia-os e diga três vezes em voz alta: obrigado, obrigado, obrigado ou se preferir, sou grato, sou grato, sou grato.

Quanto aos motivos para agradecer, você pode escolher dos mais simples aos mais significativos, os gerais e os específicos, os do seu passado, presente ou as bênçãos que você sabe que o futuro está lhe reservando, sendo que todos eles devem estar ligados à área financeira de alguma maneira, incluindo o que você ganhou e o que deixou de gastar, pois ambos colaboram com sua prosperidade.

Abaixo seguem alguns exemplos de motivos para ser grato ligados à área financeira que podem ocorrer no seu dia a dia:

- Aumento de salário;
- Conquista de um cargo mais elevado na empresa;
- Ganho de bônus e premiações;
- Aumento das comissões;
- Conquista de novos clientes;
- Desconto na parcela de pagamento da casa própria;
- Bolsa de estudo para você ou seus filhos;
- Ganho de milhas aéreas e desconto em rede hoteleira;
- Upgrade em plano de saúde;
- Cupom de desconto para compras em supermercado ou restaurantes;
- Recebimento de herança ou partilha de bens;
- Presentes recebidos;
- Achar moeda ou cédulas no chão;
- Ser sorteado em premiações;
- Conseguir taxas e rendimentos melhores que o habitual em aplicações financeiras.

Quanto maior for a sua gratidão, mais rápido perceberá as transformações e ganhos em sua vida. Então faça de seu Caderno da Gratidão pela Prosperidade Financeira um grande companheiro de hoje em diante.

Por favor, traga seu Caderno da Gratidão pela Prosperidade Financeira em nossa próxima sessão.

ANEXO 18
Exercício 2: Mudança de Programação Verbal para construção de alicerces sólidos

Vamos começar o exercício pela fase que chamamos de **Conscientização**.

Vou colocar uma música relaxante na sala, diminuir um pouco a luz, e peço que você feche os olhos, respire fundo e procure lembrar-se de sua infância.

Lembre de frases que seus pais, familiares e educadores usavam em relação ao dinheiro. Preste atenção na sua sensação e nas ideias que lhe vêm à mente quando lembra destas frases.

Se as recordações estiverem confusas, se não lembrar bem quem dizia as frases que vêm à sua mente, não importa quem disse. Você só precisa lembrar de frases que aprendeu sobre dinheiro há muitos anos, na infância, adolescência ou até juventude.

Agora abra os olhos e anote em seu caderno de metas e tarefas as frases que lhe vieram à lembrança, aquelas que você ouvia sobre dinheiro, riqueza e pessoas ricas em sua infância.

Se lembrou de quem as pronunciava, anote ao lado, junto com os sentimentos ou pensamentos que desencadearam.

Agora vamos entrar na segunda etapa do exercício que é a do **entendimento**. Quero que você anote como essas frases vêm afetando sua vida financeira até hoje.

Veja bem, cada um que nos ensinou acreditava que isto era verdade. Estavam nos dando o melhor que eles podiam, portanto nesta terceira etapa do exercício vamos fazer a **neutralização**.

Vou ajudá-lo a neutralizar qualquer sentimento de rancor que porventura venha a aparecer em relação a quem plantou essas crenças limitantes em sua mente.

Feche os olhos novamente e repita a seguinte frase:

"(Fulano de tal – pai, mãe, professor, tio, avô) sou grato por ter me ensinado suas verdades em relação ao dinheiro. Sei que você me ensinará agora novas verdades para que minha vida seja próspera."

Agora vamos entrar na fase de **dissociação**.

Abra os olhos, olhe as frases novamente que você anotou. Você percebe que esses pensamentos não são você? E que tem opção de ser diferente?

Então escreva, ao lado de cada frase, uma nova frase positiva e neutralizadora da frase anterior. Por exemplo:

No lugar de: "Dinheiro é sujo" escreva: "O dinheiro é o responsável por tudo de belo e bom que vemos e temos no mundo."

Ao invés de: "Com esta porcaria de dinheiro não dá para fazer nada" substitua por: "O dinheiro é uma benção na vida das pessoas."

Troque a frase: "Esse governo nos tira tudo em impostos" pela frase: "Impostos mostram o quanto eu sou próspero."

E mude a frase: "Sou honesto, nunca serei rico" para: "Ricos são honestos e merecedores do fruto de seu trabalho."

E assim por diante.

Agora vamos fazer uma **ancoragem positiva**.

Feche os olhos novamente e volte a lembrar da pessoa ou pessoas da qual ouviu a primeira frase limitadora que anotou na folha. Vou ler a frase para você.

Imagine esta pessoa com detalhes. Quero que você veja e ouça esta pessoa falando para você as novas frases empoderadoras que você mesmo criou. Vou ler para você e você repete imaginando que sua mãe, pai, ou professor está dizendo isso.

Sei que soa estranho imaginar sua mãe falando essas coisas tão diferentes, mas lembre-se que você controla seus pensamentos e não o contrário, então imaginar sua mãe falando isso é só uma questão de escolher e dar a ordem ao seu cérebro.

E logo depois de imaginar sua mãe ou o pai dizendo aquela frase, quero que você repita a mesma frase em voz alta, ainda de olhos fechados.

Vamos fazer isso para cada uma das frases, pois estamos mudando sua programação mental. Estamos substituindo suas crenças limitantes por outras que lhe darão alicerces sólidos para a prosperidade.

Vamos repetir cada uma das novas frases empoderadoras quantas vezes você sentir necessidade lembrando sempre de imaginar que elas estão sendo ditas por pessoas significativas em sua vida.

Finalmente peço que você diga:

"Sou grato a você (mãe, pai, etc.) por me dar os alicerces para uma vida próspera. Opto por adotar novas formas de pensar que contribuam para minha felicidade e sucesso."

Agora você pode abrir os olhos. Lembre-se que a mente é incapaz de diferenciar o real do imaginário, então para ela será como se aquela pessoa significativa em sua vida estivesse agora ensinando uma nova lição, e isso terá um poder enorme sobre a sua relação com o dinheiro.

ANEXO 19
Exercício 3: Ressignificando crenças limitantes e sabotadores

Vamos fazer mais um exercício para enfraquecer suas crenças limitantes e sabotadores.

Por favor, anote no caderno de tarefas algumas de suas crenças limitantes, especialmente aquelas que mais o atrapalham no momento e que estão correlacionadas com o dinheiro.

Olhe para elas em sua frente, procure entender qual a causa de cada uma delas. Relembre situações, busque na memória e tente encontrar a raiz do problema e anote no caderno o que lhe veio à cabeça.

Agora eu quero que você defina os objetivos que pretende com esse processo. Qual será o destino que quer chegar ao eliminar essa crença limitante? Por que é fundamental que ela deixe de existir? Vamos. Capriche. E anote isso.

Responda-me o seguinte em relação a essas crenças limitantes:

- Por que eu acredito nisso?
- Isso é verdade?
- O que poderia me acontecer se eu não acreditasse nisso?

Bom, neste próximo passo você vai criar uma crença fortalecedora, trocando aquela frase ou situação negativa por uma que lhe dará forças para continuar lutando até atingir o objetivo que determinou. E isso também precisa ser anotado.

Muito bom. Como tarefa de casa, você vai continuar insistindo nessa ideia, naquilo que passou a acreditar, até que essa crença fortalecedora se torne um hábito em sua vida!

Nós acabamos de concluir seu segundo exercício de enfraquecimento de crenças limitantes e substituição por crenças fortalecedoras. Durante a semana concentre-se na sua tarefa da semana em relação ao alcance da meta financeira, faça o caderno da gratidão para a prosperidade financeira todas as noites e me coloco à disposição para auxiliá-lo caso tenha alguma dúvida antes do próximo encontro.

ANEXO 20
Exercício 4:
Modificando exemplos

O objetivo de nosso exercício de hoje é modificar exemplos que possam ter participado da construção de sua mentalidade de escassez financeira.

Vamos começar o exercício pela fase de **conscientização**.

Eu quero que você se lembre dos exemplos de comportamento em relação ao dinheiro e seu uso que teve dos adultos que lhe cercaram na infância.

Agora liste por escrito em que aspectos você se considera igual a cada um de seus pais ou o seu oposto.

Vamos seguir para a fase do **entendimento**.

Escreva sobre o efeito que esse exemplo vem causando na sua vida financeira.

Analise se estes são comportamentos sabotadores, se você os repete e se estão prejudicando sua prosperidade financeira. Deixe-me dar alguns exemplos que você pode estar repetindo hoje:

- Um parente que sempre que tinha um dinheiro sobrando metia-se numa sociedade ou negócio novo, e acabava por perder tudo e se colocar em dívidas;
- Uma parente que toda vez que se chateava – com alguém, com o emprego – voltava carregada de sacolas de compras para casa, por impulso.
- Um parente que sempre xingava e dizia que ganhava uma miséria quando olhava seu contracheque.
- Um parente que sempre atrasava os pagamentos das contas e fugia de credores.
- Um parente que "torrava" o dinheiro em saídas com amigos e vivia pedindo emprestado para pagar contas...

Agora eu quero que você anote cada comportamento sabotador que identificar em seu próprio comportamento.

Leia em voz alta o que escreveu e responda na folha, ao lado de cada comportamento:

- É bom para mim continuar fazendo isto? Sim/não?
- O que acontece quando eu repito este comportamento?

- Como eu me sinto?
- Qual a consequência para os que convivem comigo?

Anote tudo o que for se lembrando. Talvez você perceba com rapidez o quanto seu comportamento hoje está espelhando os exemplos da infância, ou talvez tenha até feito o contraponto dos exemplos que viu, por ter ficado muito incomodado com o que presenciava. Tudo bem. Apenas anote.

A próxima etapa do exercício é a da **dissociação**.

Você consegue perceber que tem a opção de ser diferente agora?

Então escreva na folha:

"SOU GRATO POR VER QUE (DESCREVA O COMPORTAMENTO) NÃO É MAIS NECESSÁRIO EM MINHA VIDA."

Vamos então ao próximo passo. Lembre-se: nosso objetivo é alinhar seus pensamentos + sentimentos + ação para construir pensamentos prósperos.

Vamos entrar na fase de **ancoragem positiva**.

Feche os olhos para pensar ou imaginar o que pode fazer de diferente em relação àquele comportamento nocivo. Exemplos: quando tiver dinheiro sobrando, vou colocar numa poupança ou investimento; analisar prós e contras antes de querer entrar numa sociedade; se quiser entrar numa loja por impulso, perguntar a si mesmo se realmente precisa daquilo; olhar o contracheque e agradecer pelo salário que entrou; pagar as contas em dia; separar 10% do seu ganho mensal para diversão e respeitar este limite.

Assim que você tiver imaginado o novo comportamento, avise-me e aí pode abrir os olhos e descreva no papel seu novo comportamento (ação) e como se sente imaginando-se ao agir desta forma (sentimento).

Agora que você já anotou feche os olhos novamente e se imagine como descreveu. Ainda de olhos fechados repita a frase:

"EU SOU GRATO POR ESCOLHER FAZER (DESCREVA AQUI O NOVO COMPORTAMENTO), POIS SEI QUE SOU MERECEDOR DE PROSPERIDADE FINANCEIRA EM MINHA VIDA!"

ANEXO 21
Exercício 5:
Mudança de episódios específicos

Neste exercício vou ajudá-lo a voltar para situações que iniciaram maus hábitos em relação ao dinheiro, tanto na forma de ganhar como na forma de gastar, originados por alguma experiência negativa que você tenha vivenciado.

Vamos começar pela fase de **conscientização**.

Escreva uma experiência negativa em relação ao dinheiro que teve. Descreva o que aconteceu, com quem estava, como se sentiu naquela ocasião. Exemplo: ter sido promovido em seu primeiro emprego e não ter conseguido atender às expectativas de seu superior, perdendo o cargo e o aumento de salário. Sentiu-se envergonhado perante os colegas, incapaz de enfrentar novos desafios e desvalorizado por ter perdido a promoção.

Agora vamos entrar na fase do **entendimento**.

Compare com o que faz hoje em situações semelhantes, tanto nas ações, quanto nos sentimentos que tem. Exemplo: perceber que sempre sai do emprego antes de ser promovido, sentindo-se com medo das novas responsabilidades, e perceber que se sente igual o seu primeiro emprego.

Escreva sobre como esse episódio pode ter afetado sua vida financeira atual.

Vamos para a fase da **dissociação**. Você consegue perceber que pode ser diferente agora? Então feche os olhos e reflita sobre o que aprendeu com este hábito negativo e o que pretende fazer diferente de hoje em diante. Estamos fazendo a **ancoragem positiva**.

Abra os olhos e escreva: "Agradeço por ter aprendido hoje que (anulação do velho hábito anterior, exemplo: não preciso mais ter medo de novos desafios) e sou capaz de (descreva sua nova atitude, exemplo: conquistar novos patamares profissionais porque me preparei e sou merecedor)."

Agradeça pelo aprendizado e se comprometa consigo mesmo.

Você tem uma tarefa de casa: cada vez que a situação se repetir, conscientemente você tomará a nova atitude que acabamos de descrever.

Vou lhe dar um exemplo: uma pessoa que sempre reclamava ao ir ao banco pagar contas agora quando está na fila agradece por ter o dinheiro suficiente e é educado com o atendente do caixa.

Quero que você me diga agora o que fará diferente quando se deparar com a velha situação que estava ancorada num episódio específico negativo.

Agradeça cada vez que realizar este novo comportamento.

Lembre-se de sua meta da semana e de fazer o caderno da gratidão pela prosperidade financeira.

ANEXO 22
Exercício 6:
Máquina de imprimir dinheiro

Hoje nós vamos fazer uma máquina de imprimir dinheiro. Fique tranquilo. Não vou lhe ensinar nada imoral, nem ilegal e nem mesmo repetir as proezas dos personagens da série da Netflix *A casa de papel*.

Pegue uma pequena folha de papel (8 x 9 cm) e escreva:

"SOU GRATO POR TODO O DINHEIRO QUE RECEBO AO LONGO DA VIDA!"

Agora eu preciso que você pegue uma nota de 50 ou de 100 reais em sua carteira e cole com esta fita adesiva o bilhete que escreveu em seu dinheiro.

Esta nota será o seu "ímã" que atrairá mais dinheiro para você. Coloque esta nota em sua carteira, e cada vez que a abrir, deve segurar a nota e repetir:

"SOU GRATO POR TODO O DINHEIRO QUE RECEBO AO LONGO DA VIDA!"

Você não deve usar mais essa nota, porque será o talismã que atrairá várias outras iguais. Você não precisa ficar com medo de que esta nota vai fazer falta porque o universo providenciará muitas outras.

Veja bem, é importante que fique claro que não estamos fazendo nenhum tipo de simpatia. Nossa intenção com esse exercício é eliminar suas crenças de escassez da cabeça e substituí-las pela crença na abundância.

Se você veio para a sessão sem dinheiro, pode concluir a tarefa em casa e trazer para mostrar na próxima sessão.

ANEXO 23
Exercício 7:
Aprendendo a poupar enquanto agradece

Hoje, ao chegar em casa, você vai pegar o seu contracheque ou o extrato bancário com seus ganhos. Se estiver desempregado, e tiver só um dinheirinho ainda que emprestado na carteira, pegue este montante.

Em seguida você deve escrever num papel semelhante àquele que colamos no seu dinheiro:

"SOU GRATO POR ESTE DINHEIRO QUE TRABALHA INCESSANTEMENTE PARA MIM, TRAZENDO ABUNDÂNCIA EM MINHA VIDA."

Você vai prender esta mensagem junto ao seu contracheque, extrato ou dinheiro da carteira, e carregar consigo pelo próximo mês, lendo a frase com total intenção toda vez que a vir.

Em seguida precisará fazer contas. Quero que você calcule 10% do que ganhou, descontados os impostos, ou seja, seu ganho líquido. Se for o dinheiro em sua carteira, basta calcular os 10%.

Este valor deverá ter só dois possíveis destinos: uma conta poupança, de onde o dinheiro só sairá para ser investido em outras aplicações mais rentáveis, ou um cofrinho, aonde depositará os 10% do dinheiro que tem agora.

A regra é a mesma. Este dinheiro não é para ser usado; é para ser guardado.

Depois de calculado e separado o dinheiro, você colocará um papel com as palavras abaixo fixadas no cartão da poupança, da aplicação ou no cofrinho:

"ADMINISTRO MEU DINHEIRO E SOU GRATO A TODA A PROSPERIDADE QUE CHEGA ATÉ MIM. GRATIDÃO, GRATIDÃO, GRATIDÃO!"

A partir de hoje, em cima de tudo o que você ganhar será calculado 10%, que será separado para esta poupança da Gratidão. É importante que esta seja a primeira providência a ser tomada assim que o dinheiro entrar, antes mesmo de pagar as contas do mês.

Mas e se faltar dinheiro para as despesas? Aí você tem duas opções: cortar custos ou descobrir uma forma de aumentar a receita. Só o que não é opcional é deixar de guardar esses 10% que garantirão sua prosperidade financeira.

Se você tiver filhos, ensine-os a fazerem o mesmo com a mesada, criando o hábito desde pequenos.

ANEXO 24
Exercício 8:
Utilizando o dinheiro com consciência e gratidão

Nosso exercício de hoje vai precisar que você faça uma autoanálise. Para isso você vai fazer uma lista de tudo o que compra durante um mês.

Agora olhe para a lista e identifique em que áreas de sua vida você gasta compulsivamente. Pode ser em bens de consumo, alimentos, cuidados pessoais, saídas com amigos. Seja honesto e liste com o que gasta sem pensar, para sua satisfação momentânea, comprometendo suas finanças mês a mês. Quanto mais honesto você conseguir ser, maiores serão seus resultados.

Então agora escreva como se sente quando faz estas compras compulsivas: confiante, orgulhoso, excitado, desafiador, seguro, provedor?

Feche os olhos e imagine-se comprando aquelas coisas desnecessárias. Observe como fica sua respiração, com que postura sai da loja, o que pensa no momento. Ainda de olhos fechados, lembre-se das três últimas compras compulsivas, e comente qual era o seu estado de espírito antes de realizar suas compras. Talvez você estivesse chateado, triste, com raiva, enciumado, sentindo-se impotente, incapaz? Devido a que fatores? O que aconteceu antes?

Nós estamos fazendo um mapa de seu comportamento provocado por seus sentimentos.

De olhos abertos, anote ao lado de cada item de compra por impulso qual era a "falta" que você estava compensando com aquelas compras, e a localize, descobrindo se está relacionada com eventos passados ou eventos recentes.

Até esse momento você estava vendo o copo "meio vazio, ou seja, só estava enxergando o que faltava. Agora você vai começar a enxergar o copo "meio cheio", através da Gratidão.

Escreva:

"SOU GRATO POR TER APRENDIDO A SUPERAR (escreva aqui a situação que gerou seu comportamento de compra compulsiva). A PARTIR DE AGORA TAMBÉM SOU GRATO POR APRENDER QUE NÃO PRECISO MAIS ME SENTIR (escreva aqui o sentimento ruim que tinha), POIS ISSO FICOU NO PASSADO, NEM PRECISO COMPRAR COMPULSIVAMENTE (escreva aqui o que você comprava) PARA SENTIR-ME (coloque a sensação de satisfação momentânea que você tinha)."

Exemplo:

SOU GRATO POR TER APRENDIDO A SUPERAR a carência que me fazia comprar e comer muitos doces. A PARTIR DE AGORA TAMBÉM SOU GRATO POR APRENDER QUE NÃO PRECISO MAIS ME SENTIR abandonada, POIS ISSO FICOU NO PASSADO, NEM PRECISO COMPRAR COMPULSIVAMENTE muitos doces para sentir prazer.

A compreensão de um problema e identificação de sua origem é um passo poderoso para libertar-se dele e foi o que você acabou de fazer.

ANEXO 25
Exercício 9:
Sou responsável

Vamos fazer um exercício bem interessante.

Está vendo esse elástico que eu trouxe para você? Por favor, coloque em seu pulso. E você precisa se comprometer a usá-lo ao menos durante 33 dias a partir de hoje.

Quando algo ruim ou que lhe desagrade acontecer e você começar a reclamar da situação ou de alguém – colocando-se como vítima da situação – terá que mudar a pulseira ou elástico de pulso imediatamente. E aqui pouco importa se a reclamação foi verbal ou apenas em pensamento. Reclamou, criticou ou julgou, vai trocar a pulseira de lado. Reclamou porque teve que trocar a pulseira, pois troque de novo. Ao mesmo tempo que faz isso, você deve se perguntar: "Quero continuar reclamando e de 'mimimi' e ser responsável por ter mais disto aqui em minha vida?"

Em seguida, você vai refletir rapidamente sobre o que aprendeu com aquele acontecimento e dizer: "Agradeço por (diga o que ocorreu) porque aprendi/ganhei com isto (e diga o que aprendeu ou ganhou)."

É incrível, mas muitas vezes os problemas são bênçãos disfarçadas e ao parar de reclamar e começar a agradecer você perceberá que a vida fica mais leve e os acontecimentos favoráveis começam a acontecer em maior número, assim como as soluções para os problemas aparecem com mais facilidade.

ANEXO 26
Exercício 10:
Potencializando a gratidão

Este exercício tem a intenção de alinhar e potencializar o poder da Gratidão em sua trajetória.

Você vai fazer uma lista dos motivos que tem para agradecer em sua vida. Feche os olhos por alguns momentos para imaginar que está enxergando melhor o que há de bom ao seu redor, como se a situação ruim pela qual está passando estivesse dando a capacidade de realçar as coisas boas que têm.

Agora você vai pegar cada um dos problemas que têm enfrentado em sua vida ultimamente e vai dizer:

"MESMO (acontecendo tal e tal coisa), EU PERCEBO AS BÊNÇÃOS QUE ME CERCAM E AGRADEÇO POR (lista de coisas boas).
GRATIDÃO, GRATIDÃO, GRATIDÃO!"

Exemplo: MESMO estando desempregada, EU PERCEBO AS BÊNÇÃOS QUE ME CERCAM E AGRADEÇO PORQUE tenho uma família que me ama e apoia, porque tenho saúde e posso buscar novas oportunidades, porque tenho inteligência e vou descobrir um caminho para me recolocar no mercado de trabalho, porque tenho um teto para morar e formas de conseguir o meu sustento diário, porque tenho uma boa rede de relacionamento e muita gente está buscando oportunidades para mim, porque posso sentir o calor do Sol e a brisa suave que toca a minha pele, porque o universo é abundante e está providenciando uma saída assim como faz com as aves do céu e as flores do campo.

Faça o exercício ainda de olhos fechados. Observe no exemplo que acabei de dar que o foco é nas bênçãos e não no problema. Você começa a frase citando o problema, mas depois enumera no mínimo 10 bênçãos.

Em seguida, abra os olhos e anote no papel três coisas positivas que aprendeu ao viver essa experiência de fundo do poço.

O próximo passo deste exercício é compartilhar essa história do fundo do poço com no mínimo três pessoas durante a semana, mas a forma de contar deve dar foco na aprendizagem para que elas possam aprender e para que não cometam os mesmos erros ou não caiam nas mesmas armadilhas.

Compartilhar aprendizagens e experiências, inclusive aquelas oriundas de nossos erros, é uma grande prova de generosidade e doação. Tenho amigos palestrantes dos quais o tema de suas palestras é exatamente o momento fundo do poço e ao compartilharem que erros cometeram para chegar nesse lugar e que descobertas fizeram para sair de lá, ensinam lindas lições de vida para muita gente ao redor do mundo.

    A intenção não é que você vire palestrante, mas que aprenda a colaborar ao menos com o crescimento de três pessoas compartilhando sua história, não com o foco no drama, mas na aprendizagem.

ANEXO 27
Exercício 11:
A roda da abundância

Neste exercício, basicamente vamos trabalhar com a conjugação de quatro verbos: declarar, solicitar, arriscar e agradecer.

A RODA DA ABUNDÂNCIA
Conjugação de 4 Verbos: DECLARAR, SOLICITAR, ARRISCAR E AGRADECER.
Dois lados: DAR/ RECEBER

- GRATIDÃO, DECLARAÇÃO DO PERDÃO
- SENSO DE IDENTIDADE
- FOCO, AÇÃO, COLOCAR ENERGIA EM DIREÇÃO AOS SEUS SONHOS
- SONHOS, CRENÇA, PLANEJAMENTO DE VIDA

AGRADECER IV — DECLARAR I — SOLICITAR II — ARRISCAR III

Declarar: comece declarando aquilo que deseja, o que você quer e o porquê isso se encaixa em sua missão, em seu propósito, que já definimos com o seu coachee. Algumas maneiras de se iniciar a frase são: "eu sou..."; "eu quero..."; "eu preciso..."; "eu posso...".

O que você está fazendo aqui é declarar para o universo a sua intenção ou aquilo que deseja conquistar, com intuito de que as coisas conspirem para que isso aconteça.

Declare em voz alta o que deseja materializar em sua vida e anote no papel também.

Solicitar: após saber o que quer, você passa a sonhar com aquilo; começa a imaginar como, quando e onde quer que aconteça. Nesse momento você já sabe o que quer, basta agora planejar e acreditar que é possível.

É importante acreditar no poder do universo e fazer com que tudo que declarou seja real em seus sonhos e imaginação, tornando sua vontade cada vez mais palpável e mensurável.

Feche os olhos para visualizar, ouvir e sentir o que declarou ao universo e que agora está solicitando ao construir a materialização do desejo em sua imaginação.

Durante esse momento de imaginação pense em todos os recursos que vai precisar para ter sucesso no seu objetivo.

Abra os olhos e anote todas as ações necessárias para transformar seu desejo em realidade. É o momento de planejar!

Arriscar: depois de feitos os dois passos do lado direito da Roda, onde você doou para o universo a sua identidade, as suas vontades, sonhos e planejamentos, é hora de começar a colher através das atitudes!

Você doou tempo e energia em direção daquilo que deseja. Então, está pronto para receber?

É hora de agir e confiar que o universo também vai fazer a parte dele sendo seu sócio na concretização deste objetivo. Faça! Aja! Seja! Conquiste!

Agradecer: finalmente está na hora de agradecer. Você deve agradecer como se o que desejou já tivesse acontecido, e deve continuar agradecendo enquanto coloca em prática o que acabou de planejar para alcançar seu objetivo.

Não importa se você vai alcançar exatamente aquilo que planejou da maneira como esperava. O mais importante aqui é reconhecer que fez o suficiente, talvez não o seu máximo, mas o que podia naquele momento e da mesma forma, recebeu os resultados condizentes com aquilo que deu.

Você precisa se perdoar caso deixe de fazer alguma das ações planejadas ou se as coisas não saírem exatamente como esperava. Não há problema porque a Roda da Abundância continua girando.

Uma vez que você usa a Roda da Abundância em qualquer objetivo, percebe o quão justo e congruente o Universo é com relação ao dar e receber.

É preciso dar na mesma medida que se pretende receber, porém, como vimos, para isso precisamos agir.

Então vamos recapitular:
- Declare quem você é e o que deseja;
- Solicite isso para o universo e planeje;
- Arrisque tudo que tem e entre em ação;
- Agradeça independentemente do resultado obtido.

A Roda da Abundância é uma ferramenta que pode ser usada em todos os momentos da vida, todos os dias, afinal, temos objetivos diferentes o tempo todo. Quanto mais a Roda da Abundância girar, mais abundante você será.

Utilize a roda da abundância durante toda a semana para auxiliá-lo na concretização das metas e do plano de ação que traçou para a próxima semana.

ANEXO 28
Exercício 12:
Pedindo com sinergia

Neste exercício nós vamos fazer um cheque. Mas este cheque é um pouco diferente do que você está acostumado. Quem vai sacar este cheque é você mesmo. Imagine o quanto quer ganhar, por exemplo, em seis meses, e você vai preencher este cheque para si com a mesma certeza que preenche um cheque para outra pessoa sacar.

Pegue uma folha de cheque de seu talão. Se você não tiver talão de cheque aí pode utilizar esta aqui que imprimi para você. Você está vendo que embaixo da assinatura colei um pequeno papel e escrevi: Universo de Abundância S.A. (cliente desde sempre).

Agora você vai preencher o cheque que eu imprimi. Primeiro, pense o quanto quer receber do universo. Então escreva este valor em números no primeiro campo do cheque, e por extenso no campo aonde se lê "pago integralmente por este cheque..."

No terceiro campo, você escreverá seu nome completo. No campo da data, colocará dia, mês e ano com a data limite para seu pagamento (quer receber esta quantia dentro de quanto tempo? Seis meses, um ano?).

Assine o cheque como Universo de Abundância. E abaixo disso escreva:

> "GRATIDÃO AO UNIVERSO DE ABUNDÂNCIA
> POR ME PROVER DIARIAMENTE."

Coloque este cheque em algum lugar da casa que seja especial, e que veja sempre. Esta é uma forma de agir sinergicamente com o universo, que está aí disponível para distribuir prosperidade a quem sabe agradecer por tudo o que já tem.

Veja bem: isto não quer dizer que depois de preencher o cheque você pode deitar na rede com o controle remoto da TV na mão e mais nada precisará fazer além de esperar que o dinheiro magicamente apareça em sua vida. Você vai continuar trabalhando firme por seus objetivos, fazendo seus negócios expandirem, sua carreira decolar, só que agora não estará mais sozinho: terá o universo trabalhando ao seu lado para que as coisas entrem em fluxo e as oportunidades apareçam em sua vida com muito mais facilidade e leveza.

ANEXO 29
Exercício 13:
A Carta de Intenção

Hoje você vai fazer uma pequena Carta de Intenção. O que é isso? Você vai se comprometer a proporcionar a alguém ou a alguma instituição a mesma sensação de gratidão que sentirá ao ver sua vida mudar.

Você deve escrever uma pequena carta dizendo o que vai dar ou doar quando sua situação financeira mudar. Voltaram os clientes, foi contratado e recebeu o primeiro salário, veio algum dinheiro inesperado? Seja qual for a situação, a Carta de Intenção valerá.

Vou lhe dar alguns exemplos de como pode se comprometer na carta. Você pode se comprometer a doar mensalmente um dinheiro para uma instituição séria (10, 15, 25 reais); doar uma cesta básica por mês para alguém que saiba que necessite ou para alguma igreja fazer a distribuição por alguns meses; adotar um orfanato local e comprar bonecas e carrinhos para o Natal ou Dia das Crianças, ou levar produtos de higiene para um asilo mensalmente. Há muitas opções além destas; seja criativo e capriche na intenção.

Escrita a Carta de Intenção, você deve colocar a data, assinar e pedir para alguém de sua casa ou um amigo assinar como testemunha, para que seu subconsciente entenda também que este é um compromisso sério.

T. Harv Eker em seu livro *Os Segredos da Mente Milionária* fala em separar 10% de seus ganhos para doação. Esta é a maneira de dizer ao universo que é grato por tudo o que a vida tem proporcionado e que quer retribuir ainda que apenas com uma pequena parte. Avalie se está pronto para separar 10% para doação; defina o tamanho de sua generosidade, mas tenha certeza que o ato de doar mesmo no momento de falta só conecta com a abundância, livrando-o das amarras do egoísmo e da avareza.

E para provocar mesmo o universo, faça a doação antes mesmo de sua parte chegar, tamanha a certeza de que tudo dará certo.

Mas a intenção não é barganhar com Deus pensando ou dizendo algo do tipo: "Olha Deus, eu já fiz minha caridade, doei 10% do que quero receber antecipadamente; agora faça a sua." A energia não pode ser essa. Você deve apenas exercitar a generosidade, conectando-se com a alegria de ter feito o bem aos mais necessitados e ficando em paz. Com certeza as sementes plantadas e adubadas com generosidade florescerão.

ANEXO 30
Exercício 14:
Ver para ter

Hoje vamos construir um Quadro de Gratidão pela Prosperidade. Essa construção visual permitirá à mente ter mais clareza de quais são seus objetivos e metas nas principais áreas de sua vida.

Já preparei nossos materiais. Temos aqui: folha A4, cartolina, isopor, cola, tesoura, canetinhas coloridas, revistas velhas que podem ser recortadas.

Você pode escolher o tamanho de seu quadro: uma folha sulfite, meia cartolina, uma cartolina inteira, isopor, como quiser. A intenção e prosperidade são suas e é importante caprichar!

Quando a base do quadro estiver pronta, pense o que quer em sua vida como materialização da sua prosperidade: Dinheiro? Uma casa ou apartamento novo? Um carro? Viajar? Fazer cursos? Fazer massagem uma vez por semana? Ir para um spa fazer uma reeducação alimentar? Ir a shows e teatros regularmente? Tudo isto faz parte da prosperidade. Escreva os itens numa folha de papel à parte.

A seguir, você deve procurar imagens em revistas ou na internet, para recortar ou imprimir, que recordem destes itens que você listou. Escolha uma imagem para cada item. Por exemplo: fotos de notas de dinheiro; imagens de uma casa ou apartamento; o carro que quer; algum lugar para o qual deseja viajar; a foto do palco de um teatro e assim por diante.

No centro da folha você deve escrever: "GRATIDÃO PELA ABUNDÂNCIA E PROSPERIDADE EM MINHA VIDA!" E ao redor destas palavras vai colar as imagens que escolheu.

Depois você vai colocar o Quadro da Gratidão pela Prosperidade fixado aonde possa ver diariamente, e cada vez que passar por ele, deve ler a frase escrita ali.

Dica: se você quiser montar um quadro como este junto com seu cônjuge, conversem a respeito de quais serão seus objetivos comuns e sigam as instruções.

Outra dica: você também pode fazer este quadro com as crianças, ensinando-as desde pequenas o poder da Gratidão aliado com a intenção.

Terceira dica: de tempos em tempos renove seu quadro de gratidão pela prosperidade, colando novos objetivos e guardando numa pasta as fotos daqueles objetivos que já foram atingidos.

LIVROS DA COLEÇÃO
A GRATIDÃO TRANSFORMA

A Gratidão Transforma

A Gratidão Transforma a sua Saúde

A Gratidão Transforma os seus Pensamentos

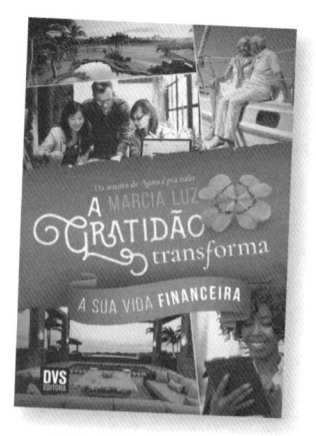

A Gratidão Transforma a sua Vida Financeira

LEIA TAMBÉM:

Agora é pra Valer! 		Coach Palestrante

www.dvseditora.com.br

GRÁFICA PAYM
Tel. [11] 4392-3344
paym@graficapaym.com.br